Miles Wright

Gespräche über die Selbstergründung (Atma Vichara)

nach den Lehren Ramana Maharshis

aus dem Englischen übersetzt von
Gabriele Ebert

© 2026 Miles Wright
(Miles Wright: Talks on Self Enquiry)
2., leicht überarb. Aufl., 2026
Verlag: BoD · Books on Demand GmbH, Überseering 33, 22297 Hamburg, bod@bod.de
Druck: Libri Plureos GmbH, Friedensallee 273, 22763 Hamburg
ISBN 978-3-7392-4166-1
Coverbild von Miles Wright

INHALT

Vorwort der Herausgeberin 5
Der lebende Meister 6
Was ist Selbstergründung? 10
Gespräche über die Selbst- ergründung 15
Literaturverzeichnis 97

VORWORT DER HERAUSGEBERIN

Dies ist eine Zusammenstellung von Internet-Postings von Miles Wright über die Übung der Selbstergründung (Atma Vichara) nach der Lehre Ramana Maharshis. Es handelt sich dabei um Antworten auf Fragen, die in verschiedenen Yahoo-Gruppen (Ramana Maharshi, Atma Vichara, The Sage of Arunachala und Acalayoga) von 2000 bis 2007 von Mitgliedern gestellt wurden.

Bevor diese Gruppen gelöscht wurden, konnte ich noch die wichtigsten Nachrichten oder das, was ich für wichtig hielt, für meine persönliche Nutzung kopieren. Viele Nachrichten handeln auch von falschen Vorstellungen darüber, was denn Selbstergründung sei, die immer noch im Umlauf sind. Da diese Fragen und Antworten auch für andere sehr nützlich sein können, werden sie jetzt mit Miles' Zustimmung veröffentlicht.

Gabriele Ebert

Das Bild auf dem Buchcover stammt von Miles Wright. Die Sanskritzeichen bedeuten Herz (hRd) und hrdaya kuhara madhye (inmitten der Höhle des Herzens) aus Ramanas berühmtem Vers Ramana Gita 2.2.

DER LEBENDE MEISTER

„Ich habe einen lebenden Meister. Viele Sucher haben das nicht." Darüber habe ich oft geschrieben, aber es scheint nötig zu sein, nochmals darüber zu schreiben. Ich hoffe, du hast mit mir Geduld, wenn ich ernsthaft sage: Auch ich habe einen „lebenden" Meister. Sein Name ist Bhagavan Sri Ramana Maharshi.

Der Diskussion über lebende und tote Meister liegt ein fundamentales Missverständnis der Philosophie Sri Ramana Maharshis zugrunde. Ich möchte dazu ein wenig aus meiner eigenen spirituellen Praxis (sadhana) erzählen.

Als Kind las ich in einem Buch über Yoga zum ersten Mal den Namen „Ramana Maharshi". Als ich anfing, Hatha-Yoga zu üben – was mir übrigens ziemlich leicht fiel und meine Eltern amüsierte – faszinierte mich allein schon sein Name. Er durchdrang mein ganzes Sein. In diesem Buch stand nur ein einziger Abschnitt über den Weisen, aber er genügte, um einen unauslöschlichen Eindruck zu hinterlassen:

„'Verfolge unerbittlich die Frage „Wer bin ich?"', riet der indische Guru Sri Ramana Maharshi. ,Untersuche deine ganze Persönlichkeit. Versuche herauszufinden, wo der „Ich"-Gedanke beginnt. Fahre mit deiner Meditation fort. Richte deine Aufmerksamkeit nach innen. Eines Tages wird sich das Rad der Gedanken verlangsamen, und eine Intuition wird sich auf geheimnisvolle Weise zeigen. Folge dieser Intuition, lass dein Denken aufhören, und sie wird dich schließlich ans Ziel führen.'"

Interessanterweise hieß das Buch von James Hewitt: „Teach Yourself Yoga". Als ich diesen Abschnitt immer wieder las, wusste ich nicht, dass Ramana Maharshi nicht mehr lebte – und konnte es mir auch nicht vorstellen. Spielte es eine Rolle? Da es mir nicht möglich war, ihn zu besuchen, da ich erst dreizehn Jahre alt war, versuchte ich herauszufinden, wo er lebte, um das später zu tun.

Nach einigen Monaten, als meine kleine Yoga-Bibliothek Gestalt annahm, wurde mir plötzlich klar – vielleicht durch ein Buch von Paul Brunton –, dass er schon gestorben war. Anfänglich war es eine problematische Erfahrung, aber ich begann schon sehr bald zu verstehen, dass das, was in diesem Text dargelegt wurde, tatsächlich das Herzstück seiner Lehre war.

Einige Jahre später trat ich mit dem Ashram in Verbindung und kaufte die „Talks" [Gespräche mit Ramana Maharshi] und andere Veröffentlichungen. Während dieser Zeit wurde meine Praxis des Vichara zu meiner hauptsächlichen spirituellen Übung (sadhana). Ich war weiterhin von Sanskrit und Yoga begeistert und traf Anfang der 70er Jahre mehrere Yogis und spirituelle Lehrer, aber keiner konnte mir etwas anbieten, das annähernd so effektiv war und direkt ins Herz der Sache traf, wie der oben zitierte Abschnitt.

In den frühen Jahren beschränkte sich meine Übung auf festgelegte Zeiten und Orte, und ich betrieb sie als Meditation. Doch angestachelt von den Gesprächen in „Talks" wurde sie bald zur Hauptbeschäftigung meines Geistes. Ich übte den ganzen Tag. Diese lebendige Lehre nahm mein ganzes Leben in Beschlag.

Bhagavan war ein jivanmukta (einer, der zu Lebzeiten die Befreiung erlangt hat). Worin also besteht die Verwirrung über „lebende" Lehrer?

Ein Freund sandte mir kürzlich das Buch „Surpassing Love and Grace". Darin sagt Chadwick (S. 260): „Der Fehler liegt in der Interpretation des Wortes jivanmukta begründet oder darin, was man sich unter einem jnani (Verwirklichten) und seinem Verhalten vorstellt. Wenn man sich klar macht, dass ein jivanmukta bereits völlig im Unendlichen aufgeht und die scheinbaren Veränderungen, denen er unterworfen ist, für ihn überhaupt keine Veränderungen bedeuten, sollte jedes Missverständnis beseitigt sein. Für den jnani gibt es keinen weiteren Schritt mehr zu tun. Er hat das Empfinden, der Täter zu sein oder mit einem bestimmten Körper verbunden zu sein, völlig verloren, wenn er sich einmal als jnani erkannt hat. Der körperliche Tod ist lediglich ein Geschehen unter unzähligen anderen seltsamen Geschehnissen in maya. Er [Ramana] war in keiner Weise auf den Körper beschränkt, als er noch lebte. Der Körper war sozusagen für uns da. Wir brauchten etwas Sichtbares, jemanden, der zu uns sprach. Jetzt müssen wir ohne den Trost seiner physischen Gegenwart auskommen, aber das bedeutet nicht, dass Bhagavan weggegangen wäre – wie er sagte: ‚Wohin kann ich gehen? Ich bin immer hier.'"

Der Ashram besteht für jene fort, die nach einer „physischen" Präsenz verlangen, und veröffentlicht Bücher, die Ramana Maharshis Lehre enthalten. Für jene mit einer esoterischen Neigung erstrahlt der Guru als der Berg Arunachala. Die mächtigste Repräsentation besteht jedoch in der Übung der Selbsterforschung (Vichara). Um nochmals Chadwick zu zitieren (dto., S. 261): „Auf was lief seine wörtliche Belehrung hinaus? Es gibt nur ein Selbst, und das bist du. Um es etwas zu erweitern: Es gibt nichts zu tun, nichts zu suchen. Man muss nur die falsche Identifikation mit der Begrenzung über Bord werfen, und dies geschieht durch die Konzentration auf den ewigen Zeugen, den Einen, der hinter allen Phänomenen steht. Wisse, wer du bist, und es bleibt nichts weiter zu wissen übrig."

Und das ist dieselbe Lehre wie die oben zitierte, die dem Jungen von Anfang an zum Bewusstsein kam, als er sein erstes Buch über Yoga las.

Aus Talk 434:

F.: „Ich brauche die Führung des Sat-Gurus, damit ich das verstehen kann."

M.: „Der Sat-Guru ist in deinem Innern."

F.: „Ich möchte einen sichtbaren Guru."

M.: „Der sichtbare Guru sagt, dass er innen ist."

F.: „Kann ich mich der Gnade des Gurus anheimgeben?"

M.: „Ja. Unterweisungen sind nur so lange nötig, wie man sich nicht unterworfen hat."

Dies ist die Wahrheit. Darüber besteht überhaupt kein Zweifel.

Miles Wright

WAS IST SELBSTERGRÜNDUNG?

Atma Vichara (Sanskrit: atma: ich + vichara: Suche, Ergründung, Erforschung) bedeutet die Ergründung des Selbst (die Ergründung des Ego-„Ichs"). Ramana Maharshi empfiehlt, sich die Frage „Wer bin ich?" zu stellen.

„Verfolge unerbittlich die Frage ‚Wer bin ich?' Spüre die Wurzel deiner Persönlichkeit auf! Versuche herauszufinden, wo der ‚Ich'-Gedanke entspringt! Fahre mit deiner Meditation fort. Richte deine Aufmerksamkeit nach innen. Eines Tages wird sich das Rad der Gedanken verlangsamen, und eine Intuition wird sich auf geheimnisvolle Weise zeigen. Folge dieser Intuition, lass dein Denken aufhören, und sie wird dich schließlich ans Ziel führen" (Hewitt: Teach yourself Yoga)

Vichara wird oft mit Meditation (dhyana) verwechselt. Meditation verlangt aber nach einem Subjekt und einem Objekt, während Vichara die zwanghafte Vorstellung an ein Objekt beendet.

In Talk 390 der „Gespräche mit Ramana Maharshi" erklärt der Maharshi: „Dhyana (Meditation) ist die Konzentration auf ein Objekt. Sie erfüllt ihren Zweck, indem sie die verschiedenen Gedanken fernhält und den Geist auf einen einzigen Gedanken richtet. Doch auch er muss verschwinden, bevor die Verwirklichung des Selbst eintreten kann. Die Verwirklichung ist nichts Neues, das man erwerben könnte. Sie ist bereits da, aber von einem Schirm von Gedanken verdeckt. Unsere ganze Anstrengung richtet sich darauf, diesen Schirm zu lüften. Dann kommt die Verwirklichung ans Licht. Wenn ein wahrhaft Suchender angewiesen wird, zu meditieren, gehen viele zufrieden mit dieser Anweisung fort. Doch einer unter ihnen wendet sich vielleicht um und fragt: ‚Wer bin ich, dass ich über ein Objekt meditieren soll?' Ihm muss man sagen, dass er das Selbst finden soll. Das ist das Endgültige. Das ist Vichara."

Des Weiteren rät Ramana Maharshi: „Lass den Geist nicht ausschwärmen, indem du dich fragst: ‚Wer bist du?' und ‚Wer ist er?' Wende ihn vielmehr nach innen und frage beständig und eifrig: ‚Wer bin ich?'" (aus Muruganar: Ramana Mandiram)

Atma Vichara sollte auch nicht als eine reine Yoga-Übung verstanden werden, die man täglich zu bestimmten Zeiten durchführt und dann wieder bis zur nächsten Übungszeit vergisst, obwohl das ein gültiger Weg ist, um den Geist in die Übung einzuführen. (Aber bleibe nicht bei der Einführung stehen. Wie lange dauert es, Hände zu schütteln?) Atma Vichara ist auch kein Hobby, sondern ein Lebensweg. Die Methode des Vichara konzentriert sich von Anfang an auf den Meditierenden (den Denker). Es ist ein radikaler Weg.

Wenn die Gedanken durch die intensive Praxis der Selbstergründung zur Ruhe kommen, offenbart sich ein ewiges und ununterbrochenes Bewusstsein, das als „Ich-Ich" in Erscheinung tritt. Es ist kein beobachtetes Bewusstsein. Wer ist das Subjekt, das solch einen dualistischen Unsinn behaupten kann? Die Schlange im Seil wird das Seil nie sehen. Das „Ich-Ich" ist sowohl der Bote [für das wahre Selbst] als auch die Todesglocke [für das Ego].

„Wenn wir uns zu unserer Quelle zurückverfolgen und alle Gedanken verschwunden sind, erhebt sich ein Pochen, das aus dem Herzen (hridaya) auf der rechten Seite der Brust kommt und sich als ‚Ich'-‚Ich' (‚Aham', ‚Aham') manifestiert. Es ist das Zeichen dafür, dass das reine Bewusstsein anfängt, sich zu offenbaren. Aber es ist kein Selbstzweck. Beobachte, von wo dieses Pochen (sphurana) ausgeht, und warte aufmerksam und stetig auf die Enthüllung des Selbst. Dann tritt das Bewusstsein, die Einheit des Seins, ein." (Ganesan: Moments Remembered, S. 53)

In Talk 24 erklärt Ramana: „Die Gedanken und das Argumentieren müssen aufhören, damit das ‚Ich'-‚Ich' sich erheben und spürbar werden kann. Das Spüren ist der erste Faktor, nicht das Verstehen."

Und an anderer Stelle: „Das, was ist, sagt nicht einmal mehr: ‚Ich bin‘, denn gibt es irgendeinen Zweifel, dass ich nicht bin?" (aus Talk 24)

Methode

In seinem Büchlein „Wer bin ich?" beschreibt Ramana Maharshi die Methode folgendermaßen: „Wenn andere Gedanken auftauchen, dann denke den aufsteigenden Gedanken nicht zu Ende, sondern erforsche auf der Stelle: ‚Wer ist es, dem dieser Gedanke kommt?‘ Was macht es schon aus, wie viele Gedanken dir kommen? Sobald sich ein Gedanke bildet, erforsche aufmerksam: ‚Wem kommt dieser Gedanke?‘ Die Antwort lautet: ‚mir‘. Wenn du weiterforschst: ‚Wer bin ich?‘, kehrt der Geist zu seiner Quelle zurück, und der auftauchende Gedanke verblasst. Wenn du das ausdauernd praktizierst, wächst die Kraft des Geistes, in seiner Quelle zu bleiben."

Der sadhaka (Übende) muss den unwirklichen Anspruch des Körpers und Geistes auf die Wirklichkeit aufgeben und den Geist auf sein individuelles „Ich"-Empfinden richten. Obwohl es unwirklich ist, scheint es die ewige Grundlage des wahren Selbst zu überlagern. Die Frage „Wer bin ich?" ist dafür das richtige Mittel. Wenn sich während der Frage der Geist wieder nach außen wendet und dies und das behauptet, sollte der sadhaka fragen: „Wem kommen diese Gedanken?" und somit zu seiner ursprünglichen Frage: „Wer bin ich?" zurückkehren. K. Lakshmana Sarma sagt: „Es gibt immer und überall Zugänge zur Frage ‚Wer bin ich?‘ Der Frager muss durch einen von ihnen immer wieder den Geist damit beschäftigen. Die Antwort auf diese Frage ist keine verstandesmäßige Schlussfolgerung. Die (richtige) Antwort besteht nur in der Erfahrung des wahren Selbst im höchsten Zustand, der sich beim Tod des Egos, desjenigen, der die Frage stellt, nämlich des

,individuellen Selbst' (der Seele), einstellt." (Sri Ramanaparavidyopanishad, S. 483 f. und 469-485)

Es gibt keine Antwort auf die Frage „Wer bin ich?" Keine Erfahrung kann sie beantworten, denn das Selbst ist jenseits der Erfahrung. Es gibt auf sie keine Antwort im Bewusstsein. Deshalb hilft sie, das Bewusstsein zu überschreiten.

„Alles, was ich wirklich sagen kann, ist: ‚Ich bin'. Alles andere ist eine Schlussfolgerung. Aber eine Schlussfolgerung zu ziehen, ist zur Gewohnheit geworden. Vernichte alle Gewohnheiten des Denkens und Sehens. Im Empfinden ‚Ich bin' manifestiert sich eine tiefere Ursache, die du Selbst, Gott, Wirklichkeit oder anders nennen kannst. Das ‚Ich bin' ist in der Welt, aber es ist der Schlüssel, der die Tür, die aus der Welt herausführt, öffnen kann. Der im Wasser tanzende Mond wird im Wasser gesehen, aber er wird vom Mond am Himmel verursacht und nicht vom Wasser." (Nisargadatta: I am That, S. 191)

Um den Gedanken Einhalt zu gebieten, wird Selbstergründung (Vichara) geübt. Bei der Selbstergründung wird man sich der abirrenden Gedanken bewusst und fragt, wem sie kommen. Das ist es. Alles andere ist Unsinn. Bei dieser Methode erhöht sich das Gewahrsein der Absurdität der Gedanken, und durch die Übung durchschneidet die Selbstergründung immer öfter die Gedanken.

Frage: „Wie wird der Geist beruhigt?"

Antwort: „Durch die Ergründung ‚Wer bin ich?' vernichtet der Gedanke ‚Wer bin ich?' alle anderen Gedanken, und wie der Stecken, mit dem man den Scheiterhaufen umrührt, wird auch er schließlich vernichtet. Dann erhebt sich die Selbstverwirklichung." (aus: Ramana Maharshi: Wer bin ich?)

Der Geist ist allein die Ursache für die Bindung und Befreiung. Ein Geist, der der Welt der Objekte hingegeben ist, ist gebunden, während ein Geist, der nicht der Welt der Objekte hingegeben ist, befreit ist. Vichara offenbart die immer gegenwärtige Grundlage, auf die der Geist angewiesen ist. Obwohl es in Wahrheit keine Antwort auf die Frage gibt, ist jede Antwort, die der Geist ersinnt, Nahrung für weitere Ergründung. Der Weg ist deshalb klar.

„Wenn Vichara einmal Wurzeln gefasst hat, ist damit das höchste Gut für alle praktischen Ziele in diesem Leben erreicht. Solange ein Mensch, die beste Art der Geburt, noch davon entfernt ist, solange ist der Lebensbaum nackt und deshalb nutzlos. Die einzig sinnvolle Frucht im Leben ist Vichara." (Tripura Rahasya, Kapitel 2)

Der Maharshi macht deutlich, dass es keine fortgeschrittene Methode gibt, sondern nur ein Reifen des Vichara. Vichara ist die direkte Methode. „Es gibt nichts weiter zu wissen, als das, was man in den Büchern findet. Es gibt keine geheime Technik. Alles ist hier ein offenes Geheimnis." (Mudaliar: Tagebuch der Gespräche, 8.10.1946)

GESPRÄCHE ÜBER DIE SELBST-ERGRÜNDUNG

Ramana Maharshi

2.1.2000

Wenn ich mit den Leuten spreche, erfahre ich oft, dass Vichara mit Meditation verwechselt wird. Meditation verlangt jedoch ein Subjekt und ein Objekt, während Vichara die Besessenheit von einem Objekt völlig beseitigt.

Wie Ramana in den Gesprächen [Talk 390] sagt: „Die Unwirklichkeit ist eine Zwangsvorstellung. Die Wirklichkeit ist unser wahres Wesen ... Wenn ein wahrhaft Suchender angewiesen wird, zu meditieren, gehen viele zufrieden mit dieser Anweisung fort. Doch einer unter ihnen wendet sich vielleicht um und fragt: ‚Wer bin ich, dass ich über ein Objekt meditieren soll?' Ihm muss man sagen, dass er das Selbst finden soll.

Das ist das Endgültige. Das ist Vichara. […] Geschieht es spontan und natürlich, ist es Verwirklichung."

4.1.2000

Ramana lehrte kein philosophisches System und auch keine „Methode", um Erleuchtung zu erlangen. Sein Einfluss war der einer lebenden Gegenwart des Selbst. Diese Gegenwart ist hier und jetzt da. Seine Lehre von Atma Vichara (Selbstergründung) ist keine Yogaübung, die man zu bestimmten Tageszeiten tut und dann wieder bis zum nächsten Mal vergisst, obwohl das auch ein gültiger Weg ist, den Geist in die Ergründung einzuführen. Sie ist vielmehr die Essenz des menschlichen Lebens, das sein volles Potential erforscht.

Wie beeinflusst Ramanas Lehre unser tägliches Leben? Gibt es überhaupt einen Einfluss? Beginnt Atma Vichara als eine zentrierende „Kraft" zu wirken? Wie oft läuft das Ego während des Tages mit seinen Gedanken weg, die außer Kontrolle geraten sind? Man verweilt in der Vergangenheit, blickt auf die Zukunft, lebt in jeder nur möglichen Welt, solange es nicht um das Jetzt geht? Kommen Urteile und persönliche Rache schnell und heftig? Sind wir wie der Politiker, der nach den Grundsätzen gewählt wurde, den Menschen zu helfen, der aber, ist er einmal gewählt, sich nicht mehr darum schert, sich nicht mehr um gut und schlecht kümmert und für den Gutes tun bedeutet: „Es ist gut, solange ‚ich' überlebe und es auch für ‚mich' gut ist"? Dieses Überleben des Egos ist eine Fiktion. Reflektiertes Licht kann ohne die Quelle des Lichts nicht strahlen.

6.1.2000

Devaraja Mudaliar hat berichtet, dass Ramana in seinen früheren Jahren gern auf verschiedenen Wegen auf den Gipfel des Arunachala gestiegen ist oder auch, ohne einem Weg zu folgen, wenn ihm danach zumute war. Nur die Grasschneider kannten einige dieser Wege.

Mudaliar überlieferte folgende Geschichte, die Bhagavan erzählt hat: „Manchmal kamen Leute aus Madras und aus anderen Gegenden und wollten auf den Gipfel. Sie irrten beim Skandashram umher. Wenn sie mich dort sitzen sahen, fragten sie mich nach dem Weg. Ich erklärte ihnen, sie müssten nach rechts und dann Richtung Norden gehen. Einige meinten: ‚Weißt du denn, mit wem du es zu tun hast? Wir kommen aus Madras. Du kannst uns nicht hinters Licht führen. Der Gipfel ist direkt über uns. Du willst uns in die Irre führen.' Ich schwieg. Sie versuchten es in gerader Linie und kamen schließlich völlig erschöpft zurück, ohne auf dem Gipfel gewesen zu sein. Wenn sie dann bei mir vorbeikamen, blickten sie verschämt zu Boden und gingen mir aus dem Weg." (Mudaliar: Tagebuch, 24.11.1945)

Bhagavan zeigte einen leichten und bewährten, aber scheinbar umständlichen Weg auf den Gipfel, aber der Rat wurde ignoriert. Wenn er über den spirituellen Weg sprach, bot er den direkten Weg an, und wiederum wurde sein Rat oft ignoriert.

14.1.2000

Ich habe kürzlich einige ziemlich trostlose Interpretationen über die Theorie der Vorherbestimmung gelesen, die die Vorherbestimmung verabsolutieren und behaupten, dass keine Anstrengung möglich sei. Wenn du dich dem zuwendest, was Ramana darüber sagt, wird alle Trostlosigkeit vertrieben.

„Um schließlich die Bande des Schicksals
und alles, was damit zu tun hat, zu lösen
und vom schrecklichen Kreislauf
von Geburt und Tod befreit zu werden,
ist dieser Weg viel leichter als die anderen.
Sei deshalb still,
und halte Zunge, Geist und Körper unter Kontrolle.
Das, was aus sich selbst erstrahlt, steigt im Innern auf.
Das ist die höchste Erfahrung.

Die Angst verschwindet.

Das ist das endlose Meer vollkommener Seligkeit!"

(Atma Vidya, aus Collected Works, Rider 1975)

17.1.2000

Die Erfahrung des Selbst ist tatsächlich mühelos. Es ist, wie es ist. Doch wenn einmal diese Wahrheit enthüllt ist, braucht es Zeit, sie zu festigen. Übung – und Bhagavan sagt eindeutig, dass Übung (Bemühen) nötig ist – macht reif, und die Erkenntnis des reinen Seins wird enthüllt.

22.1.2000

Es ist das Universum in seiner Verschiedenheit, von dem man normalerweise als Wirklichkeit spricht. Die Gegensatzpaare (dvandvas) wie gut/schlecht, heiß/kalt, reich/arm, spirituell/materiell usw. konkurrieren um unsere Aufmerksamkeit. Wir widmen ihnen unsere Aufmerksamkeit, um ihre relativen Werte zu beurteilen. Sie sind die wichtigen Gegensätze. Sie sind deshalb wichtig, weil ohne sie das Universum, wie wir es „kennen", in die Einheit zusammenfallen würde. So einfach ist die Aufgabe. Es gibt kein Geheimnis. Ramana Maharshi bittet uns, alles für die Wahrheit zu opfern. Der Geist des jnani (Weisen) und der Geist des ajnani (einer, der glaubt, dass sich die Erleuchtung noch nicht eingestellt hat) sind nicht voneinander verschieden. Das ist lediglich eine Vorstellung.

Das Ergebnis und das Wesentliche der Ergründung „Wer bin ich?" ist, „still zu sein". Die falsche Identifizierung des Selbst mit dem Körper, den Sinnen usw. wird durch die Ergründung aufgelöst. Dieser Zustand des Gleichmuts ist uns nicht unbekannt. Wenn man glaubt, er sei es, ist das nur wiederum ein Gedanke.

Samatvam yoga ucyate – Es heißt: „Gleichmut ist Yoga."
[Bhagavad Gita 2, 48]

Seher und Gesehenes lösen sich als Eines auf.

29.1.2000

„Was man durch Gespräche selbst nach mehreren Jahren nicht begreift, das kann man in einem Augenblick der Stille oder angesichts der Stille erkennen, wie im Fall von Dakshinamurti und seinen vier Schülern. Das ist die höchste und wirksamste Sprache." (aus Talk 246)

Viele Menschen haben über die Wirksamkeit von Sri Ramana Maharshis Schweigen gesprochen und sie bestätigt. Ohne Worte, die den Geist aktivieren, der nach Konzepten sucht, gibt es den Impuls, nach innen zur Quelle des Geistes vorzudringen. Anstatt willkürlichen Worten Bedeutung zuzuschreiben, hat der Geist, der frei von nach außen gerichteten, aktiven Inhalten ist, die Möglichkeit, bewusst seine Quelle zu suchen. Das nennt man satsanga oder „Gemeinschaft mit dem Sein". Ob das nun in der Gegenwart eines Menschen geschieht, der das Selbst verwirklicht hat, was wohl am meisten mit satsanga gemeint ist, oder in der geistigen Gegenwart dieses Einen, die Wirkung ist dieselbe. Das grobe Medium der Sprache wird umgangen, und die Wurzel alles Denkens, der ursprüngliche „Ich"-Gedanke, wird angehalten. Wenn kein Gedanke auftaucht, braucht man auch keine Sprache. Weder existiert die menschliche Sprache noch das Denken aus sich selbst heraus. In Abwesenheit von Gedanken entsteht spontan das universale Schweigen oder bleibt vielmehr so, wie es ist, als die reine Essenz der Sprache. Das ist das Ewige Wort, Sabda Brahman, das Selbst.

Punyaraja sagt in seinem Kommentar über das Vakyapadiya: „Der Übende erreicht die Essenz der Sprache, das Reine Wort, das jenseits der vitalen Ebene ist, indem er seinen Geist von äußeren Objekten abzieht und ihn auf sein inneres Wesen richtet. Das beinhaltet die Auflösung der zeitlichen Abfolge der Gedankenaktivität. Daraus erfolgt die Reinigung des Wortes (das ewige Licht des Bewusstseins, das beständig im

Subjekt erstrahlt), und der Übende tritt in es hinein, nachdem er alle Bande der materiellen, objektiven Ebene durchtrennt hat. Dadurch erlangt er das innere Licht und wird, frei von allen Bindungen und Begrenzungen, zum Höchsten Licht – dem ewigen Wort-Prinzip – dem unsterblichen und unvergänglichen Geist, den man Sabdabrahman oder das Absolute Wort nennt." (aus Sastri: The Philosophy of Word and Meaning)

23.2.2000

Ein Mann ging durch einen Wald. Da wurde er von einem Feind überfallen und von einem giftigen Pfeil getroffen. Einer seiner Verwandten stolperte über ihn und rief Hilfe herbei. Bald trafen andere mit dem Gegengift ein. Sie wollten den Pfeil herausziehen, bevor sie die Heilkräuter auflegten, aber der Mann hinderte sie daran und stellte verschiedene Fragen wie: „Ihr müsst für mich herausfinden, wer dieser Feind war. Zu welcher Familie gehört er? War er groß? Welche Haarfarbe hatte er? Was für einen Bogen hat er benutzt? Woraus bestand der Bogen?" usw. Obwohl man ihm sagte, dass diese Fragen im Moment irrelevant seien und dass er ohne die Heilkräuter sterben würde, verhinderte er weiterhin die Behandlung, weil er so viel wie möglich wissen wollte. Kein Wunder, dass das Heilmittel nutzlos war. [Buddhistische Parabel vom vergifteten Pfeil]

Das genau ist es, was wir auf dem spirituellen Weg tun. Nachdem uns gesagt worden ist, dass die Selbstergründung direkt zur Wurzel vordringt, fragen wir immer noch endlos: „Wer ist der Schöpfer? Warum hat er uns erschaffen? Warum muss ich leiden? Was ist Karma? Warum mache ich keinen Fortschritt?" usw.

23.2.2000

„Yogananda: ‚Warum lässt Gott Leiden in der Welt zu? Könnte Er es nicht durch seine Allmacht mit einem Schlag beseitigen und bestimmen, dass alle Gott verwirklichen?'

M.: ‚Leiden ist der Weg, um Gott zu verwirklichen.'

Yogananda: ‚Könnte Er es nicht anders bestimmen'

M.: ‚Es ist der Weg.'

Yogananda: ‚Sind Yoga, Religion usw. Mittel gegen das Leid?'

M.: ‚Sie helfen dir, es zu überwinden.'

F.: ‚Warum muss es überhaupt Leiden geben?'

M.: ‚Wer leidet? Was ist Leiden?'

Der Yogi antwortete nicht. Schließlich stand er auf, bat Sri Bhagavan um seinen Segen für seine Arbeit und bedauerte es sehr, dass er so schnell wieder gehen musste. Er wirkte aufrichtig, hingebungsvoll und innerlich bewegt." (aus Talk 107)

Das Auftauchen von Leiden gibt den Impuls für den Wunsch nach Glück. Das wiederum führt zur erfolgreichen Suche nach dem Selbst. Leid geschieht durch die falsche Vorstellung, der Körper zu sein. Jnana (die Erkenntnis des Selbst) bedeutet, diese Vorstellung loszuwerden.

21.3.2000

>*Ich beschäftige mich seit zehn Jahren mit Ramana Maharshi. Im letzten Jahr habe ich aktiv zu praktizieren begonnen. Ich übe etwa eine Stunde täglich, indem ich mich dreimal für je 20 Minuten hinsetze und mich auf die Selbstergründung konzentriere. Mit der Vertiefung dieser Meditation setzt sich die Ergründung auch bei meinen anderen Aktivitäten fort.*<

Atma Vichara führt zur Quelle des Egos. Dort verschwindet es. Wenn man diese Quelle bleibt, taucht das Ego nicht länger auf. Und wie du sagst, es zieht sich durch alle Handlungen: gehen, fahren, essen usw.

22.3.2000

>*Wie ich die Geschichte seiner [Ramanas] Selbstverwirklichung verstehe, hat ihn die Selbstergründung zur Verwirklichung gebracht. Aber hat er das selbst jemals gesagt? Wenn ja, könntest du es mit einem Zitat belegen? Vielleicht hat er es in seinen frühen Jahren so gesehen.<*

Sri Bhagavan hat bei vielen Anlässen gesagt, dass seine große Todeserfahrung wesentlich die Ergründung (Vichara) gewesen sei, ob das „Ich" mit dem Tod des Körpers stirbt. Er sagte auch eindeutig, dass es sich dabei nicht um eine logische Schlussfolgerung gehandelt habe, sondern um das Aufblitzen einer wahren Erkenntnis (s. Mahadevan; 1977; Talks; 1955/1978, Osborne; 1959 und andere Quellen). Es war eine „direkte Erfahrung", von der er sagte, dass sie ihn nie wieder verließ. Er hat das nicht nur „in seinen frühen Jahren so gesehen". Seine Lehre hat sich nie verändert oder entwickelt. Warum sollte sie auch?

>*Um unser Unwissen darüber auszuräumen, wer wir wirklich sind, empfahl Ramana immer wieder Selbstergründung. Er hat viele Dinge empfohlen, unter anderem auch Selbstergründung. Vermutlich war die Selbstergründung für die gebildeteren und intelligenteren seiner Verehrer gedacht. Deshalb halten die gebildeten, westlichen Anhänger die Selbstergründung für den richtigen Weg für sich selbst. Gibt es dafür einen Beweis, dass die Selbstergründung jedem hilft, im Gegensatz zu, sagen wir, japa oder bhakti?<*

Sri Bhagavan hat über alle möglichen Wege gesprochen, je nachdem, welche Frage ihm die Besucher stellten. Seine nächsten Devotees haben jedoch klar bezeugt, dass die Selbstergründung die tragende Säule seiner Lehre war. Wir brauchen nur zu lesen, was Sri Muruganar, der musterhafte Dichter-Devotee, geschrieben hat. „Lass den Geist nicht ausschwärmen, indem du dich fragst: ‚Wer bist du?' und ‚Wer ist er?' Wende ihn vielmehr nach innen und frage beständig und eifrig: ‚Wer bin ich?'" (aus Ramana Mandiram)

Und Bhagavan selbst sagte im letzten Prosawerk „Wer bin ich?", das er schrieb, bevor er nur noch mündlich auf Fragen antwortete: „Um diese innewohnende und makellose Glückseligkeit zu verwirklichen, die man täglich erfährt, wenn der Geist im Tiefschlaf bezwungen ist, ist es nötig, dass man sich selbst erkennt. Um diese Erkenntnis zu erlangen, ist die Ergründung ‚Wer bin ich?' in der Suche nach dem Selbst das beste Mittel."

21.3.2000

>Du sagst: „Es gibt nicht zwei – nur Gottes Wille geschieht durch seine Manifestationen." Das klingt für mich nach zwei oder vielleicht auch vielen! In meinem Verständnis hat Ramana gelehrt, dass Gott wirklich existiert (auch als der höchste Schöpfer des Universums). Aber er lehrte auch, dass eine solche Voraussetzung nur vom relativen Gesichtspunkt aus wahr ist und nur von jenen unterhalten wird, die die Wahrheit nicht erkannt haben und an die Wirklichkeit der individuellen Seelen glauben. Gott ist die letzte Gestalt, die gehen muss, und nicht eine weitere Gestalt, die man verwirklichen muss, womit man dann die Zweiheit von Gott und seinen Manifestationen bewiesen hätte.<

Ja, solange es das Individuum gibt, das Gott verehrt, existieren Gott und der Verehrer unabhängig voneinander. Bedingungslose Hingabe an die höhere Kraft oder das Festhalten am Wurzelgedanken „Ich" sind die einzigen beiden Wege zur Verwirklichung. (s. Talk 321): [„Wenn man sich völlig hingibt, dann bleibt niemand mehr übrig, um Fragen zu stellen oder an den man denken müsste. Entweder werden die Gedanken durch das Festhalten am Wurzelgedanken ‚ich' ausgelöscht, oder man unterwirft sich bedingungslos der höheren Macht. Das sind die einzigen beiden Wege zur Verwirklichung."]

22.3.2000

Die Selbstergründung ist eine lohnende Beschäftigung. Sich in Polemik zu ergehen, ist dagegen Zeitverschwendung. Wenn du Selbstergründung übst, wirst du schließlich herausfinden, dass sie sowohl der Weg als auch das Ziel ist.

Bitte sprich weiterhin über die spirituelle Praxis, wenn dir danach ist. Es gibt verschiedene Wege, Selbstergründung zu üben, die viele gern erörtern würden.

22.3.2000

>*Danke für deine Anmerkung, die mir gefällt. Natürlich verstehe ich was du sagst mit dem Verstand, (was wiederum zeigt, wie nutzlos das verstandesmäßige Erkennen ist, wenn es um den tatsächlichen spirituellen Prozess geht). Wenn ich übe, suche ich nach Möglichkeiten, von diesem rein kognitiven Verstehen zur Erfahrung und tiefen Erkenntnis zu gelangen.*<

Bhagavan sagte: „Bei der Vorstellung einer Vereinigung des Individuums mit dem Höchsten ist das Höchste Hörensagen, während das Individuum direkt erfahren wird. Dir nützt aber nur die direkte Erfahrung. Erkenne deshalb, wer du bist." (aus Talk 332)

>*Ich habe herausgefunden, dass es über die Ergründung viele verschiedene Sichtweisen gibt. Für mich ist es hilfreich, das Ego-Ich aus verschiedenen Gesichtspunkten zu betrachten. Man löst hier ein kleines Ego auf und dort usw. Ich mache das in verschiedenen Situationen, nicht nur bei der Sitzmeditation (obwohl die Sitzmeditation eine wichtige Untermauerung meiner Praxis ist).*<

So ist es. Und die verschiedenen Wege, Selbstverwirklichung zu erlangen, sind genau das, worüber Bhagavan gesprochen hat. Letztendlich ist es natürlich nur die Quelle des „Ich"-

Gedankens, die Aufmerksamkeit verlangt. Um dorthin zu gelangen, springt der affengleiche Geist gern von Ast zu Ast.

29.3.2000

Selbstergründung bedeutet, den ersten „Ich"-Gedanken festzuhalten, der vor den vielen anderen Gedanken, die den Geist anfüllen, auftauchen muss. Die Übung besteht darin, diesen „Ich"-Gedanken festzuhalten und zu fragen, wer oder was er ist.

Ein Teil aus „Wer bin ich?":

„10. Wie wird der Geist ruhig?

Durch die Ergründung ‚Wer bin ich?' Der Gedanke ‚Wer bin ich?' vernichtet alle anderen Gedanken, und wie der Stecken, mit dem man den Scheiterhaufen umrührt, wird er am Schluss selbst vernichtet. Dann tritt die Selbstverwirklichung ein.

11. Wie hält man ständig am Gedanken ‚Wer bin ich?' fest?

Wenn andere Gedanken aufsteigen, sollte man sie nicht verfolgen, sondern fragen: ‚Wem kommen sie?' Es spielt keine Rolle, wie viele Gedanken auftauchen. Sobald ein Gedanke auftaucht, sollte man mit Eifer fragen: ‚Wem ist dieser Gedanke gekommen?' Die Antwort lautet: ‚Mir'. Wenn man fragt: ‚Wer bin ich?', kehrt der Geist zu seiner Quelle zurück, und der Gedanke, der aufgetaucht ist, verebbt. Mit wiederholter Übung auf diese Weise entwickelt der Geist die Fähigkeit, in seiner Quelle zu bleiben.

Wenn der subtile Geist sich durch das Gehirn und die Sinnesorgane nach außen wendet, entstehen grobstoffliche Namen und Formen. Bleibt er im Herzen, verschwinden Namen und Formen. Lässt man den Geist nicht nach außen, sondern hält ihn im Herzen zurück, nennt man das ‚Nach-innen-gerichtetsein' (antar-mukha). Lässt man ihn aus dem Herzen, spricht man von ‚Nach-außen-gerichtet-sein' (bahir-mukha). Wenn der Geist im Herzen bleibt, verschwindet das ‚Ich', welches die Quelle aller Gedanken ist, und das Selbst, das immer existiert, erstrahlt. Was immer man tut, sollte man ohne das egoistische Ich tun. Wenn man auf diese Weise handelt, erscheint alles als Wesen Shivas (Gottes)."

Die Selbstergründung ist keine Meditation, die man zu bestimmten Zeiten des Tages tut, wenn man das auch anfangs so praktizieren kann. Verfolgt man die Ergründung den ganzen Tag über, geht sie auch im Schlaf weiter. (Das geschieht unausweichlich.)

Manche behaupten, sie sei eine reine Wiederholung wie ein Mantra. Das ist sie nicht. Der Zweck der Selbstergründung ist, alle Aufmerksamkeit, den ganzen Geist auf seine Quelle zu richten. Das Ergebnis ist Selbstgewahrsein. Wenn der Geist wandert, zieht die Selbstergründung ihn zu seiner Quelle zurück. Diese Quelle ist das Selbst.

Ich hoffe, das hilft dir weiter. Wenn nicht, sag Bescheid.

30.3.2000 „Wer bin ich?"

„Wer bin ich?" gleicht insofern einem Koan, als die Frage weiterhin gestellt wird, solange eine Antwort auftaucht. Durch die Selbstergründung wird der Sog von innen intensiv.

Wenn jedoch die Ergründung etwas ist, von dem man sagt: „Jetzt übe ich fünf Minuten Ergründung, dann schaue ich Fernsehen, dann gehe ich ins Pub", dann würde ich nichts dafür geben, zu erwarten, dass etwas geschieht, was immer man auch glaubt, was geschehen soll.

Wenn die Ergründung das Wichtigste in deinem Leben ist, dann wird alles gut. Das Selbst ist die einzige Konstante.

Wenn man ausdauernd ergründet: „Wer bin ich?", werden alle anderen Gedanken vernichtet und am Ende der Ich-Gedanke selbst, wobei das nicht-duale Selbst zurückbleibt, das wie immer erstrahlt. Eines Tages wird etwas geschehen.

Über die theoretische Seite kann man in Büchern lesen oder von Weisen hören. Dadurch erlangen wir die verstandesmäßige Überzeugung von der Wahrheit. Das an sich ist schon wichtig.

Die Ergründung, die anfangs eine mentale, verstandesmäßige Aktivität sein kann, wird zu einer subjektiven Erfahrung von „Ich". Diese Erfahrung fällt ihrerseits weg, wenn die Identifikation mit Objekten durch Gedanken verschwindet. Wir beginnen mit „Ich" und enden im „Ich". Aber suche nach diesem „Ich", und du wirst es nirgends finden.

Es gibt keine Antwort auf die Frage: „Wer bin ich?" Es ist uneingeschränktes „Sein".

10.4.2000 Die Methode

Das Ziel ist in der Tat dasselbe, nämlich atmanishta [das Verweilen im Selbst], als das Selbst festzustehen. Bei der Meditation hält sich der Geist an einem Gedanken fest und hält damit alle anderen Gedanken fern. Das ist eine hervorragende Methode, den Geist zu stärken, der eine Schwäche für andauerndes, zielloses Denken hat.

Die Übung dieser Methode führt zu Atma Vichara, der Selbstergründung. Wenn ziellose Gedanken beseitigt werden, bleiben immer noch der Meditierende und das Objekt der Meditation übrig. Dann geht der Meditierende selbst in die Quelle ein. Bei Ramanas Methode konzentriert man sich von Anfang an auf den Meditierenden (den Denker). Letztlich ist es das, was geschehen muss: eine Wendung der Aufmerksamkeit zu demjenigen hin, der zu meditieren glaubt.

Atma Vichara bleibt bestehen, solange der Frager sich von der Frage getrennt fühlt. Selbstergründung muss weder in einer bestimmten Position ausgeführt werden, noch zu festgelegten Zeiten oder an bestimmten Orten. Es ist ein fortdauernder Prozess, der auch die Arbeit und das Spiel umfasst.

>*Mir kommt es so vor, dass Ramana nicht ausdrücklich auf das Bewusstsein oder auf die Subjektivität als eine Antwort hinweist, noch dass es als ein Weg der Desidentifizierung mit dem Gedankenfluss oder ein Verlangsamen des Gedankenflusses gedacht ist. Ich glaube vielmehr, dass er eine Art aktiver Meditation über das „Ich"-Empfinden empfiehlt. Wenn ich „ich" sage, meine ich damit etwas, wenn ich auch nicht genau sagen kann, was. Ich meine damit nicht Bewusstsein oder eine Art abstrakter Subjektivität. Ich glaube, die Idee ist, sich selbst in die Ergründung ziehen zu lassen, in das, was wir mit „ich" meinen. Gibt es dazu Kommentare? Kann es jemand besser formulieren?<*

In einem Gespräch weist Ramana auf die Aussagen hin, die das „Ich" gern macht. „Wer ist dieses ‚Ich', das sagt: ‚Ich weiß es nicht'?" Ist es das wahre oder das falsche „Ich"? Das „Ich", das sagt: „Ich bin nicht verwirklicht" oder „Ich weiß es nicht", ist ein Betrüger. Wenn Ramana die Frage stellt: „Wer ist es, der geboren wurde?", versucht er wiederum, auf die Sinnlosigkeit dieses „Ich"-Gedankens hinzuweisen, denn was geboren wurde, muss auch sterben. Die Verwirklichung ist nicht etwas, das man neu erlangt. Sie ist ewig. Für das Selbst gibt es weder Geburt noch Tod.

Wenn man die Quelle des „Ichs" sucht, bedeutet das den Tod des „Ichs". Dann bist du nur noch das, was du bist: absolutes Sein.

Bei einer anderen Gelegenheit sagte Sri Ramana zu Swami Abhishiktananda: „Meditiere nicht – sei! Denke nicht, dass du bist – sei! Denke nicht über das Sein nach – du bist!" [Abhishiktananda: Secret of Arunachala, S. 73]

16.4.2000

>*Kannst du oder jemand anderer etwas über das „Ich-Ich" sagen, von dem Ramana manchmal spricht. Ich habe im*

Moment kein Zitat zur Hand, aber wenn du nicht weißt, worauf ich mich beziehe, kann ich eines nachschlagen.<

In Talk 226 sagt Sri Ramana: „Das wahre Selbst ist das unendliche ‚Ich-Ich', d.h. das ‚Ich' ist Vollkommenheit. Es ist ewig. Es hat keinen Anfang und kein Ende. Das andere ‚Ich' wurde geboren und stirbt auch wieder. Es ist unbeständig. Erkenne, wem die ständig wechselnden Gedanken kommen. Du wirst herausfinden, dass sie nach dem ‚Ich'-Gedanken aufsteigen. Halte diesen ‚Ich'-Gedanken fest, und sie verschwinden. Verfolge den ‚Ich'-Gedanken zu seinem Ursprung zurück, und allein das Selbst bleibt übrig."

„Ich-Ich" ist die Wirklichkeit. Damit man dieses „Ich-Ich" spürt, müssen Gedanken aufhören, und der Verstand muss verschwinden. Es wird gesagt, dass dies anfangs als ein Pochen auf der rechten Brustseite „empfunden" wird. „Ich-Ich", „Ich-Ich". Dieses Zentrum ist das spirituelle Herz (hridaya), das Sri Ramana als den Sitz des reinen Bewusstseins im Körper offengelegt hat. Das ist der Sitz, aus dem alle Erfahrungen der objektiven Wirklichkeit entstehen. Gedanken können hier nicht eintreten. Der „Ich"-Gedanke hört auf.

Wenn die Quelle dieses Pochens aufmerksam beobachtet wird, wird das Selbst enthüllt. Wenn man das durch Meditation oder Ergründung erreicht, genießt man reine Seligkeit.

2.5.2000

>Selbstergründung bedeutet nicht, sich auf den Meditierenden zu konzentrieren, sondern zu ergründen, ob es überhaupt einen Meditierenden gibt.<

Ja, so ist es. Doch solange man glaubt, dass es jemanden gibt, der meditiert, besteht der Anfang der Ergründung darin, den Geist auf den Meditierenden zu richten, wie Ramana in Talk 580 sagt: „Man muss das Ego festhalten, um es loszuwerden. Halte es zunächst fest. Alles Übrige ist leicht."

4.5.2000

>*Wenn ich es richtig verstehe, sagt Ramana, dass die Selbstergründung die direkte Methode sei.*<

Ja.

>*Wenn wir uns jedoch zur Meditation hinsetzen und das Ego festhalten, was tötet es dann? Wie halte ich das Ego fest? Als ein Objekt der Meditation? Ist das Ego ein Objekt, das man festhalten kann?*<

Wer ist es, der das Ego festhalten will? Darum geht es.

Das Ego wird vernichtet, indem man seine Identität sucht. Um es festzuhalten, musst du es zuerst finden. Das ist die Aufgabe. „Da das Ego keine selbständige Wesenheit ist, wird es automatisch verschwinden, und die Wirklichkeit wird von selbst aufleuchten. Dies ist die direkte Methode. […] Die Frage: ‚Wer bin ich?' ist die Axt, die das Ego abtrennt." (aus Talk 146)

30.11.2000

Das „Ich-Ich" ist das beständige japa (oder ajapa – das unausgesprochene Mantra, das keine Anstrengung benötigt) des Selbst im Herzen. Es hört nie auf und besteht ewig ohne Ursache. Sri Bhagavan hat verschiedentlich erwähnt, dass es im Körper im Herzen (hrdayam) auf der rechten Brustseite auftaucht. Das kann man während der Selbstergründung beobachten. Bhagavan macht jedoch klar, dass das nicht bedeutet, dass das Selbst im Körper wohnt. Vielmehr wohnt der ganze Kosmos im Herzen. Am Anfang der Talks sagt Bhagavan: „Keiner leugnet, dass das physische Organ links liegt. Aber das Herz, von dem ich spreche, ist nicht das physische und liegt rechts. Das ist meine Erfahrung. Ich brauchte dafür keine andere Autorität zu bemühen. Aber du kannst es in einem ayurvedischen Buch in Malayalam und in der Sita Upanishad bestätigt finden." Er zitierte das entsprechende Mantra aus der Sita Upanishad und den Vers aus dem ayurvedischen Buch. (Talk 4)

In den Talks heißt es: „Brahman ist das Herz", „das Selbst ist das Herz". Bhagavan sagt auch, dass „keiner auch nur für einen Augenblick das Selbst nicht erfährt".

4.12.2000

Ich bin heute auf eine relevantere Quelle für dieses „Pochen", das vom Sitz des Bewusstseins (hrdaya) ausgeht, gestoßen. Sie ist ein Teil der Antwort auf eine Frage, die T.K. Sundaresa Iyer einem englischen Devotee geschickt hat. Bhagavan hat sie als richtig bestätigt. Sie ist in ‚Moments Remembered' von V. Gansan, S. 53, zu finden:

„Wenn wir uns zu unserer Quelle zurückverfolgen und alle Gedanken verschwunden sind, erhebt sich ein Pochen, das aus dem Herzen (hridaya) auf der rechten Seite der Brust kommt und sich als ‚Ich'-‚Ich' (‚Aham', ‚Aham') manifestiert. Es ist das Zeichen dafür, dass das reine Bewusstsein anfängt, sich zu offenbaren. Aber es ist kein Selbstzweck. Beobachte, von wo dieses Pochen (sphurana) ausgeht, und warte aufmerksam und stetig auf die Enthüllung des Selbst. Dann tritt das Bewusstsein, die Einheit des Seins, ein."

22.1.2001

Jemand hat mich kürzlich gefragt, warum ich immer auf Sri Maharshis Lehre von Atma Vichara hinweise.

Die Antwort liegt in der Einfachheit. Um Atma Vichara zu üben, spielt es keine Rolle, wo du lebst, ob du ein Mann oder eine Frau, jung oder alt bist, in welcher Kultur du lebst, welche soziale Stellung du hast, wo du bist und was du tust. Es braucht dazu keine festen Zeiten oder einen Zeitraum, um zu wirken. Man muss nur der Frage „Wer bin ich?" nachgehen. Erledige deine Pflicht und deine Arbeit, aber konzentriere dich auf die Ergründung. Wenn du die Ergründung richtig ausführst, führt sie dich zum Herzzentrum, dem wahren „Ich-Ich-Ich".

2.2.2001

>*Ist es möglich, das Ego aufzugeben, während man ein weltliches Leben führt? Das sieht schwierig aus. Selbst wenn ich ein einfaches Leben mit geringen Bedürfnissen führe, ist doch noch ein kleines Ego da. Ich frage mich, ob es möglich ist, das Ego zu vernichtet, während man ein Leben mitten in der Welt führt.*<

Ja, gewiss!!

Vielleicht helfen diese Worte des Maharshi: „Der Weise versucht, es [das Ego] bereits in seinem Ursprung zu vernichten. Es erhebt sich auch in ihm immer wieder aufgrund der Natur, d.h. aufgrund des prarabdha, des Karmas der gegenwärtigen Existenz. Das heißt, das Ego keimt sowohl im jnani als auch im ajnani auf, aber mit dem Unterschied, dass das Ego des ajnani sich seines Ursprungs nicht bewusst ist, wenn es auftaucht, und es sich seines sushupti [Tiefschlafs] im Traum und Wachen (jagrat) ebenfalls nicht bewusst ist. Der jnani dagegen genießt seine transzendente Erfahrung, indem er sein Ego, sobald es sich erhebt, immer auf dessen Quelle richtet. Dieses Ego ist nicht gefährlich. Es ist wie der Überrest eines verbrannten Seils. Damit kann man nichts mehr binden. Wenn wir unsere Aufmerksamkeit immer auf unseren Ursprung richten, wird unser Ego in dieser Quelle aufgelöst wie eine Salzpuppe im Meer." (Talk 286)

19.2.2001 Die Notwendigkeit, sich zu erinnern

>*Meiner Meinung nach gibt es kein Ziel und kein Erreichen eines Ziels. Es gibt kein Scheitern, da das Erreichen eines Zieles dasselbe wäre als nirgends anzukommen. Es scheint mir zweckmäßiger zu sein, die Ziele völlig zu vergessen. Es gibt*

nichts, wohin man gehen könnte, und nichts zu tun – alles, was wir wissen müssen, ist in uns.<

Auf das Risiko hin, unmodern zu sein: Es gibt ein Ziel, nämlich die Erfahrung des nichtdualen Selbst. Es gibt ein Mittel dafür: Atma Vichara, die Selbstergründung.

Obwohl wir das Selbst sind, da es allein existiert, bewirkt die Unwissenheit, dass wir glauben, wir hätten es nicht verwirklicht.

Das Folgende ist ein Auszug aus der Einführung zu „Self Enquiry" von Mahadevan: „Die vollständige Erfahrung des nichtdualen Selbst ist das Ziel. Das Mittel dafür ist die Ergründung des Wesens des Egos. Wenn der Geist das Selbst mit dem Nichtselbst (dem Körper usw.) identifiziert, gibt es Bindung. Wenn diese falsche Bindung durch die Ergründung ‚Wer bin ich?' beseitigt wird, ist das die Befreiung. Deshalb ist die Selbstergründung, wie sie Bhagavan Ramana lehrt, der direkte Weg. Alle machen die ‚Ich'-Erfahrung. Von allen Gedanken ist der ‚Ich'-Gedanke der erste, der auftaucht. Man muss die Quelle des ‚Ich'-Gedankens ergründen. Das ist der umgekehrte Prozess von dem, was normalerweise im Leben des Geistes geschieht. Der Geist ergründet die Zusammensetzung und Quelle all dessen, was, wenn man es genau untersucht, seine eigene Projektion ist. Er reflektiert nicht über sich selbst und spürt nicht seine Quelle auf. Selbsterkenntnis kann man erreichen, indem man den Geist nach innen richtet. Das darf nicht mit der psychologischen Selbstbeobachtung verwechselt werden. Selbstergründung ist nicht die Betrachtung der eigenen Inhalte des Geistes, sondern besteht darin, die erste Regung des Geistes, den ‚Ich'-Gedanken, zu seiner Quelle, die das Selbst ist, zurückzuverfolgen. Wenn diese Selbstergründung richtig und beharrlich ausgeführt wird, verschwindet auch der ‚Ich'-Gedanke, und es stellt sich die wortlose Erleuchtung in Gestalt des ‚Ich'-,Ich' ein, die reines Bewusstsein ist. Das ist die Befreiung von der Bindung. Die

Methode, durch die das erlangt wird, ist die Ergründung, die im Vedanta jnana (Erkenntnis) genannt wird."
(http://nonduality.com/ramana3.htm)

Verwirklichung ist möglich, hier, jetzt, in diesem Leben. Darüber gibt es überhaupt keinen Zweifel! Beginne mit dieser Methode und erreiche das Ziel!

19.2.2001 Die Notwendigkeit, sich zu erinnern

>*Wenn du die Aussage von Joel Goldsmith sorgfältiger liest, wirst du erkennen, dass sie sich auf jene bezieht, die keine Anstrengung unternehmen. Das heißt, dass du ohne Anstrengung vielleicht einen kurzen Blick auf das Selbst erhaschst, aber du wirst nicht verstehen, warum oder wie es geschah und ob es sich wiederholen wird.*<

Das ist richtig.

Durch die beständige Übung von Atma Vichara sinkt der Geist bereitwillig und mit wahrer Erkenntnis in seine Quelle. Wenn der Schäfer nach seinem Lamm sucht, das auf seinen Schultern ruht, das er aber glaubt, verloren zu haben, ist es trotzdem eine Suche. Obwohl das Lamm in seiner Nähe ist, bleibt es ohne seine Suche verloren. (siehe unten)

Aus "Self Enquiry" [in Collected Works, S. 32]:

Meister: „Der jiva ist Shiva. Shiva ist der jiva. Es stimmt, dass der jiva nichts anderes als das Selbst ist. Solange das Reiskorn in der Schale verborgen ist, spricht man von einem Reisfeld. Wenn es geschält ist, spricht man von Reis. So bleibt man auch ein jiva, solange man an das Karma gebunden ist. Wenn die Bindung der Unwissenheit zerbrochen ist, erstrahlt man als Shiva, die Gottheit. So erklärt es eine Schriftstelle.

Dementsprechend ist der jiva, der der Geist ist, in Wirklichkeit das reine Selbst. Aber er vergisst diese Wahrheit, glaubt, eine individuelle Seele zu sein, und wird in Form des Geistes gebunden. So sucht er nach dem Selbst, was wie die Suche des Schäfers nach dem anscheinend vermissten Schaf ist. Dennoch wird der jiva, der sein Selbst vergessen hat, nicht durch mittelbare Erkenntnis zum Selbst. Durch das Hindernis, das aus verbleibenden Eindrücken in früheren Geburten stammt, vergisst der jiva immer wieder seine Identität mit dem Selbst. Er lässt sich täuschen und identifiziert sich mit dem Körper usw.

Wird denn ein Mensch zu einem hohen Beamten, indem er einen hohen Beamten sieht? Muss er sich nicht ständig anstrengen, um ein hochgestellter Beamter zu werden? Ebenso muss der jiva, der durch seine geistige Identifikation mit dem Körper usw. gebunden ist, sich anstrengen, indem er schrittweise und beständig über das Selbst reflektiert. Wenn der Geist auf diese Weise vernichtet wird, wird der jiva zum Selbst.* Die Reflexion über das Selbst, die auf diese Weise beständig geübt wird, zerstört den Geist und schließlich sich selbst wie den Stecken, mit dem man die Asche bei einem verbrannten Leichnam umrührt. Diesen Zustand nennt man Befreiung."

(*"Obwohl die Hindernisse, die die Bindung der Geburt verursachen, zahlreich sein können, ist *ahamkara* (das ‚Ich'-Empfinden) die eigentliche Ursache dafür. Sie muss für immer vernichtet werden." - Vivekachudamani)

20.2.2001 Ein Ziel oder kein Ziel

>*Vielleicht ist es nur Semantik. Ich glaube nämlich, dass wir beide von derselben Verwirklichung sprechen. Ist es ein Ziel oder kein Ziel? Ich weiß es nicht. Ist es ein Paradox? Vielleicht.*<

„Das ‚Ich' wirft die Illusion des ‚Ichs' ab und bleibt dennoch das ‚Ich'. Das ist das Paradoxe an der Selbstverwirklichung. Der Verwirklichte sieht darin jedoch keinen Widerspruch." (aus Talk 28)

>*Ich vermute, dass wenn ich weiß, dass ich bereits da bin, dieser Lebensweg dazu gedacht ist, dorthin zurückzukehren, woher ich komme. Damit ist das Ziel bereits erreicht. Ich bin aber bereits dort. Ich brauche nicht einmal das als Ziel.*<

In der Tat gibt es nichts Neues zu erlangen. Man muss nur das sein, was man immer ist und gewesen ist. Im Wesentlichen besteht das Ziel einfach darin, die schleierartige Hülle der Unwissenheit zu beseitigen, die das Selbst verbirgt. Die Unwissenheit gehört dem Ego an, das sich von allem anderen getrennt glaubt und von diesem Standpunkt aus agiert, indem es sich fälschlicherweise als eine getrennte Gesamtheit wahrnimmt.

>*Vielleicht sagt Ramana deshalb, dass die höchste Lehre in der Stille geschieht – jenseits des Bedürfnisses zu definieren.*<

Der jnani gebraucht seine eigene Sprache, sei sie nun mit oder ohne Worte. Es macht keinen Unterschied.

23.2.2001

Wenn wir dieses Nichts (was immer es auch sein soll) objektivieren, sind wir verloren. Finde stattdessen das, was ewig, ungebunden und unbegrenzt ist, „denn es gibt nichts, was dem Selbst fremd wäre". (aus Talk 42)

„Meditiere darüber, wer du bist. Gib deine Vorstellungen auf." Wenn man sich vorstellt, was etwas (nichts) ist, ist man verloren. Wenn man nach „ihm" wie nach einem Objekt sucht, so ist das immer problematisch. Nach demjenigen zu suchen, der sucht, zur einzigen Quelle zurückzugehen, ist zweifellos leicht. Es ist so leicht, dass es oft in einer wilden Suche nach Erschwernissen ausgeblendet wird.

Das Analysieren des Vielen wird von der Ergründung des Einen verdrängt. Nichts kann außerhalb dieses unmittelbaren, unbegrenzten, ungebrochenen, vieldimensionalen Selbst sein.

Es ist „meine" subjektive Verwirklichung, die das enthüllt. Etwas existiert nur so lange, als es jemand anderen gibt, der es beobachtet. „Meine" subjektive Verwirklichung dehnt sich über das begrenzte „Ich" aus.

8.4.2001

>*Ich tue mich damit schwer, die Gedanken anzuhalten und Selbstergründung zu üben, wenn ich mit Menschen zu tun habe. Und ich habe auf vielfältige Weise mit anderen Menschen zu tun.<*

Die Übung des Atma Vichara sollte beständig ausgeführt werden. Man darf inmitten des alltäglichen Lebens nicht damit aufhören. Wenn du die Übung vergisst, dann nimm sie wieder auf, sobald du dich daran erinnerst. Schließlich wird die Ergründung beständig.

9.4.2001

>*Ich habe bisher noch keine überzeugende Antwort auf meine Probleme mit der Arbeit bekommen. Ich möchte nun so weit gehen zu fragen, ob jemand (habe er nun eine höhere oder nur eine geringe Qualifikation) im völligen Vertrauen auf Ramana aus einem ungeliebten Job ausgestiegen ist, ohne dass er eine Alternative gehabt hätte. Normalerweise rät einem jeder, nur zu kündigen, wenn man auch eine Alternative hat. Ist jemand aus seinem Beruf ausgestiegen und hat eine Nische für sich gefunden im völligen Vertrauen, dass er mit seiner Qualifikation und seiner Begabung etwas Besseres verdient hat, ohne dass er seine früheren Arbeitgeber dafür verurteilt?<*

Ja!!

Mein Leben war voller Stopps und Neuanfänge, einige gewollt, andere nicht. Bei mehr als einer Gelegenheit habe ich „mein Boot versenkt" (wie mein Vater zu sagen pflegte). Die eine Konstante ist völliges Vertrauen in Bhagavan Sri

Ramana und seine Lehre. Ob ich das nun jemand anderem empfehlen würde, ist etwas anderes. Wie tief ist dein Vertrauen? Die Tiefe deines Vertrauens ist die einzige Überlegung dabei. Wer ... bist ... du? Warum willst du deinen Posten verlassen? Ist das etwa auch nur das Ego? Ungeachtet der Situation ist Atma Vichara der Schlüssel!

>*Ich möchte auch anmerken, dass wir uns glücklich schätzen können, dass wir heute Fragen stellen können und jemand sie beantwortet. Morgen mögen wir schon wieder abdriften, uns in weltlichen Tätigkeiten verstricken und Ramanas Name und Foren vergessen, die unsere Spiritualität voranbringen, und uns erst am Ende unseres Lebens wieder daran erinnern. Doch Ramana hat uns versichert, dass definitiv alles am „Ende" gut wird. Lasst uns bitten, dass dieses „Ende" lieber früher als später kommt.*<

Das „Ende" kommt jetzt ... jetzt ... jetzt ... jetzt (für immer). Die einzige Barriere ist das Ego und sein Bemühen, selbst fortzubestehen. Handle jetzt. Atma Vichara ist das Mittel und das Ziel. Jede Verzögerung ist die wenig subtile List des Egos.

3.5.2001 Was ist Selbstergründung?

>*Ich habe gelesen, was Ramana Maharshi über die Selbstergründung gesagt hat, aber ich möchte gern wissen, ob du dir die Frage „Wer bin ich?" stellst. Sollten wir uns das wirklich fragen? Oder sollten wir, nachdem wir die Frage gestellt haben, einfach hören? Oder wühle ich durch die Frage nur herum und verursache Unruhe, ohne dass ich damit etwas bewege? Wie übst du Ergründung?*<

Bei der Ergründung sucht man nach der Quelle des Egos. Der Zweck ist, den Geist auf seine eigene Quelle zu richten und dort zu bleiben. Der „Ich"-Gedanke ist der Ursprung, aus dem alle Gedanken aufsteigen. Solange eine Antwort auf die Frage gefunden wird, untersuche wiederum denjenigen (das Ich), der eine Antwort will. Wenn man den Geist auf diese Weise fokussiert, verschwindet das Ego, und das Selbst bleibt in aller Klarheit übrig.

„Im Innern der Herzenshöhle scheint allein Brahman in Gestalt des Atman. Es strahlt von selbst als ‚Ich-Ich'." (Ramana Gita 2.2)

26.9.2001 Nichts als Spiele

>*Ich sehe nur Spiele! Willkürliche, menschliche Spiele. Entweder sagt man: „Wenn alles ein Schwindel ist, dann zur Hölle damit!" Ob ich am Ende eines gesunden Lebens sterbe oder an Leberzirrhose, weil ich ein Alkoholiker bin, oder an Aids, oder ob ich wegen eines Verbrechens auf dem elektrischen Stuhl lande oder sterbe, weil ich zu lange in einer Yogastellung auf dem Kopf gestanden bin, oder ob ich mich umbringe oder versuche, mein drittes Auge mit Hammer und Meißel zu öffnen (was in einigen Traditionen tatsächlich empfohlen wird) – es hat sowieso keine wirkliche Bedeutung.*

Oder man schließt die Augen für das, was ist, und rettet sich auf ein Rettungsfloß oder hängt sich an ein Sicherheitsseil – an den sogenannten Weg oder Nicht-Weg in Rosa und an (verborgene) Hoffnungen –, oder man entscheidet sich bewusst, das Spiel seiner Wahl zu spielen, sei es weltlich, sozial oder spirituell, als handle es sich um etwas „völlig Transzendentes und die höchste Wirklichkeit oder den Weg dorthin" oder wenigstens als „gut genug für mich". Oder man glaubt, dass alles eine Illusion ist oder alles Gott ist. Oder man bekennt: „Ich weiß nichts", während man tatsächlich völlig in eines der oben erwähnten Spiele verstrickt ist. Oder man erkennt, dass alles völlig davon abhängt, als was man das „Ich", das diese Behauptung aufstellt, sieht. Ist es das Ego oder das Selbst?<

Denk an die Sonne und das Geschehen in der Welt. Die Sonne ist für alles tägliche Tun nötig, doch sie ist kein Teil des

Weltgeschehens. Trotzdem kann ohne die Sonne nichts geschehen. Die Sonne ist der Zeuge alles Geschehens. So ist es auch mit dem Selbst. Das Ego handelt in Gegenwart des Selbst. Es kann nicht ohne das Selbst existieren. Solange die „Ich"-heit da ist, gehen die Spiele weiter. Wenn die „Ich"-heit verschwindet, werden die Handlungen spontan. Es mag so aussehen, als würden die Spiele weitergehen, aber wer in aller Welt spielt sie?

27.9.2001

>*Trotzdem habe ich diese Frage gestellt, da es vielleicht die einzige Möglichkeit ist, nicht dieser Struktur von endlosen Konzepten und Mustern (egoistischen Spielen) zum Opfer zu fallen oder auch nicht.*<

Die Fragen (und Antworten) sind unweigerlich auf das Spiel kodiert. Das bedeutet nun nicht, dass sie nicht gestellt werden sollen, im Gegenteil. Sie werden gestellt. Es ist immer das Ego, das Fragen stellt. Es ist immer das Ego, das keine Antwort finden kann. Selbst wenn man sich weigert, diese Frage [„Wer bin ich?"] zu stellen, wird sie automatisch angedeutet. Suche nach dem Ego. Du kannst es nicht finden. Das ist der Weg.

5.2.2002 Ist alles vorherbestimmt?

>*Ich muss zugeben, dass für mich die Vorherbestimmung der Teil von Bhagavans Lehre ist, der am schwersten verständliche. Tatsächlich ist es das einzige, womit ich mich schwer tue. Ich kann seine Sichtweise in Bezug auf das frühere Indien verstehen, wo es wenig oder keine Flexibilität in der Arbeit, Kultur, Kaste und in vielen anderen Lebensbereichen gab. Ich habe jedoch in der heutigen Zeit hier im Westen zu viele gesehen, die durch gemeinsame Anstrengung und hingebungsvolle Arbeit das Schicksal überwunden haben.*<

Die Dinge geschehen. Handlungen werden ausgeführt. Man kann sich mit den Handlungen, die von diesem Körper/Geist mit einem Wunsch ausgeführt werden, verbinden und Lob beim Erfolg beanspruchen und Tadel beim Versagen von sich weisen (oder die anderen dafür schuldig machen), oder man kann sich in völliger Hingabe dem Selbst zuwenden. Alles geschieht aufgrund des prarabdha. Dieses erschöpft sich, wenn man sich dem Selbst hingibt. Der Weg des Verlangens bringt die Illusion des freien Willens eines fiktionalen Individuums mit sich. Der Weg der Hingabe unterwirft sich dem Willen der einzigen Wirklichkeit des Selbst. Das ist jnana. Das ist bhakti. Es gibt kein Ich, kein Du usw., das einen freien Willen beanspruchen oder sich der Vorherbestimmung unterwerfen könnte. Es gibt nichts außerhalb des Selbst.

In „Conscious Immortality" sagt Ramana Maharshi: „Wessen freier Wille ist es? Du glaubst, es ist der deine. Du bist aber jenseits des freien Willens und des Schicksals. Bleibe das, und du überschreitest sie beide." (s.a. Talk 209)

7.3.2002 Wie entwickelst du Demut?

>*Hier ist eine Frage an alle. In unserem sadhana haben wir manchmal mit unseren Egos zu kämpfen, die wirklich riesig sind. Wie überwindest du deine egoistischen Gedanken, die ständig in deinem Geist hervorbrechen? Wie entwickelst du Demut?*<

Das Ego ist ein Werkzeug des Selbst. Ansonsten hat es keine unabhängige Existenz. Manchmal taucht es auf, manchmal nicht. Statt das Werkzeug herumzutragen, wenn man es nicht braucht, denke daran, es beiseitezulegen. Wenn diese Erinnerung durch Übung beständig wird, gibt es kein Problem, und man muss sich über die Entwicklung (oder Nichtentwicklung) seiner Demut keine Sorgen machen.

29.3.2002

Die einfachste Übung von allen ist Atma Vichara. Das ist Sri Ramanas Geschenk an uns. Darüber sprechen wir hier. Warum gibst du dem Geist Nahrung, wenn alles, was man tun muss, darin besteht: „Suche den Geist. Wenn er gesucht wird, verschwindet er. Der Geist ist nur ein Bündel Gedanken. Die Gedanken entstehen, weil es einen Denker gibt. Der Denker ist das Ego. Wenn das Ego gesucht wird, verschwindet es von selbst. Ego und Geist sind dasselbe. Das Ego ist der Wurzelgedanke, aus dem alle anderen Gedanken entstehen. Also tauche nach innen. Du bist dir jetzt dessen bewusst, dass der Geist von innen aufsteigt. Also sinke nach innen und suche. Du musst das falsche ‚Ich' nicht beseitigen. Wie könnte das ‚Ich' sich selbst beseitigen? Du musst nur seinen Ursprung herausfinden und dort bleiben. Deine Anstrengung kann nur so weit gehen. Dann kümmert sich das, was jenseits ist, um sich selbst. Du bist hier hilflos. Keine Anstrengung kann es erreichen." (aus Conscious Immortality, S. 90)

„Der komplizierte Irrgarten der Philosophien verschiedener Schulen soll die Dinge klar machen und die Wahrheit offenbaren. Aber in Wirklichkeit schaffen sie nur Verwirrung, wo es keine zu geben bräuchte. Um irgendetwas zu verstehen, ist das Selbst nötig. Das Selbst ist offensichtlich. Warum nicht als das Selbst verbleiben?" (aus Talk 392)

29.3.2002

> *"Eines frühen Morgens erklärte Sri Bhagavan, wie wir täglich einen Blick auf das wirkliche Selbst erhalten. ‚Zwischen Schlaf und Wachen gibt es ein kurzes Dämmern. Das Wachbewusstsein beginnt mit dem „Ich"-Gedanken. Kurz bevor der „Ich"-Gedanke auftaucht, gibt es einen Sekundenbruchteil von unterscheidungslosem, reinem Bewusstsein. Zuerst ist Unbewusstsein da, dann das Licht reinen Bewusstseins, dann folgt der „Ich"-Gedanke, mit dem das Bewusstsein der Welt hereinströmt. Das ist die Reihenfolge. Der mittlere Zustand*

ist Selbstgewahrsein. Wir können ihn bemerken, wenn wir genügend wachsam und aufmerksam sind." (aus G.V. Subbaramayya: Sri Ramana Reminiscences, S. 17)<

Danke für diesen weisen Rat. Das ist eine großartige Möglichkeit, mit Atma Vichara zu beginnen. Mit Übung setzt Atma Vichara unmittelbar nach dem Aufwachen ein. Wie könnte man den Tag besser beginnen?!?!

30.3.2002

>Leider folgt für mich nach dem Tiefschlaf unmittelbar der Traumzustand. Im Traum gibt es ein surreales Empfinden des „Ich"-Bewusstseins. Deshalb verpasse ich den Zustand reinen Bewusstseins. Um den Übergang vom Tiefschlaf zum Traum festzuhalten, benötige ich mehr geistige Kraft als die, die ich jetzt habe. Hat jemand etwas dazu zu sagen?<

Im Tiefschlaf ist man in „unbewusster" Selbstverwirklichung. Es gibt darin kein „Ich", und deshalb existiert nur das Selbst. Das Selbst existiert in allen drei Zuständen. Es ist das einzig Beständige, die wahre Identität. Das Individuum hat keine Beständigkeit. Wenn man das Auftauchen des „Ich"-Empfindens (ahamkara) beim Übergang vom einen in den anderen Zustand verlangsamen kann, dann erfährt man Das. Das Zeitfenster ist sehr klein. Dazu braucht es Wachsamkeit.

Durch Gnade und die Entwicklung eines beständigen Übungsprozesses von Atma Vichara im Wachzustand kehrt man bei jeder Gelegenheit von selbst zur Quelle zurück. Dann stellt sich direkt nach dem Schlaf, zu einer Zeit, in der das „Ich"-Empfinden am schwächsten ist (nämlich wenn es auftaucht), Atma Vichara von selbst ein. Allmählich kann das „Ich"-Empfinden für immer längere Zeiten abgehalten werden. Wenn man auf diese Weise übt, weicht das „Ich"-Empfinden viel bereitwilliger und öfter. Es ist nur das Denken, das stört.

1.4.2002

>*Ich frage mich, wie „om namo bhagavate sri ramanaya" ausgesprochen wird. Kann mir jemand dabei helfen? Ist es nur ein Gruß oder ein Mantra?*<

„Om namo bhagavate sri ramanaya" bedeutet: „Ich verneige mich in Ehrerbietung (Hingabe) vor dem Herrn Sri Ramana." Welches Mantra könnte für seine Devotees besser geeignet sein? Es ist ein großartiger „Gedankenabschneider" und ein hervorragendes Vorspiel für Atma Vichara. Es ist das höchste ajapa-japa.

Om

namo

bhagavatay (/bh/ ist ein Hauchlaut /b/ ist ein schwacher Hauchlaut

shree

ramanaaya (/n/ ist retroflex, die dritte Silbe ist lang)

3.4.2002 Erfahrungen

>*Wie ist es möglich, die Welt und ihre Objekte als illusorisch zu betrachten, solange man mit dem allem zu tun hat?*<

Mit der Welt zu tun zu haben, ist ein Teil der Illusion. Es ist für den menschlichen Zustand, in dem man sein eigenes Selbst vergessen hat und in einer äußeren, materiellen Welt verweilt, symptomatisch. Solange man nicht das Selbst als den Ursprung von allem und seine wahre Identität erkennt, kann man die Welt und die Objekte als illusorisch bezeichnen.

Welt und Objekte sind Schöpfungen des Geistes. Sie existieren im subjektiven Bewusstsein. Jnana (die Erkenntnis des Selbst) beseitigt diese falsche Identität. Das wird bewirkt, indem man das „Ich" zu seinem Ursprung zurückverfolgt.

„Solange man am ‚Ich'-Gedanken festhält, gibt es keinen anderen Gedanken. Wenn andere Gedanken auftauchen, frage: ‚Wem kommen sie?' Das führt zur Antwort: ‚mir'. Wer die Frage: ‚Was ist der Ursprung des „Ichs"?' genau verfolgt und nach innen taucht, erreicht den Sitz des Geistes im Herzen und wird dort zum Höchsten Herrn des Universums. Oh Arunachala, du unendliches Meer der Gnade und des Glanzes, du tanzt bewegungslos im Hof des Herzens! Dort gibt es nicht länger den Traum solcher Zweiheiten wie innen und außen, richtig und falsch, Geburt und Tod, Freude und Leid oder Licht und Dunkel." (Elf Verse für Arunachala, Vers 7)

3.4.2002

>*Wenn ich mich hinsetze, um Vichara zu üben, beginne ich damit, meine Gedanken zu beobachten, aber ich spüre nur eine Leere. Doch wenn ich eine Weile lang in Gedanken versunken bin, kann ich meine Gedanken nicht mehr beobachten. Ich vergesse es. Das ist mein Problem. Mache ich es richtig? Bitte hilf mir.*<

Wenn du eine Leere wahrnimmst, dann gibt es ein Subjekt, welches die Leere beobachtet. Die ausdauernde Übung des Atma Vichara wird das überwinden. Wenn du bemerkst, dass du in Gedanken versunken bist, ist es die Gnade, die dir Antrieb gibt, mit dem Atma Vichara weiterzumachen.

„Nur die auf eins gerichtete Ausdauer ist für die Selbstergründung nötig, und das erfolgt die ganze Zeit rein innerlich. Deine Aufmerksamkeit für das Selbst im Innern ist alles, was nötig ist." (Ramana Maharshi in: Moments Remembered, S. 77)

26.4.2002

>*Ich frage dich, wie du auf deine schlechte Gesundheit reagierst? Hilft dir deine Übung und Ramanas Lehre bei der Erfahrung deiner körperlichen Probleme? Kannst du den*

Schmerz aushalten und zur Erfahrung deiner bewussten Gegenwart zurückkehren? Du brauchst diese Frage nicht zu beantworten.<

Jeder von uns sollte und muss diese Dinge selbst untersuchen. Was ich sage, mag unnütz sein. Hier ist die Antwort auf deine Frage.

Es gibt keine Rückkehr zum Bewusstsein. Vielmehr ist Bewusstsein die eine, ewige und beständige „Erfahrung".

Schmerz ist die natürliche Reaktion des Körpers. Wer leugnet das? Wie Freude kann er zu einer schonungslosen „Erfahrung" werden. Ein Problem kann allerdings entstehen, wenn der Schmerz geleugnet oder nicht akzeptiert wird und der Wunsch vorherrscht, ihn durch etwas Erfreulicheres zu ersetzen. Ist der Schmerz von mir getrennt? Ist die Freude von mir getrennt? Sind Freude und Schmerz unabhängige Wesen? Wenn man sich Freude wünscht und den Schmerz meidet, ist alles verloren! Ich nehme Schmerzmittel, und das verschafft mir etwas Erleichterung.

Manchmal leidet der Körper, und es fällt mir schwer, aufzustehen. Manchmal beeinträchtigt mich Kopfweh bei meiner täglichen Arbeit. Mit einem gebrochenen Bein kann man nicht länger springen. Der Körper reagiert dementsprechend. Es ist ein Prozess, durch den man hindurchmuss. Wenn das medizinische Hilfe miteinschließt, so sei es so.

Die Selbstergründung ist eine Konstante, die während all dieser „Erfahrungen" und „Prozesse" weitergeht.

26.4.2002

>*Da wir begonnen haben, unsere Erfahrungen und spirituellen Kämpfe hier miteinander zu teilen, will ich nun von meinem eigenen Kampf berichten. Er besteht in der Todesangst, in der Angst vor dem Tod des Egos, in der Angst, diese Identifikation mit dem Körper und Geist zu verlieren. Es ähnelt*

sehr dem, was Major Chadwick in seinen „Erinnerungen" berichtet:

„Nachdem ich einige Monate in Bhagavans Gegenwart meditiert hatte, erreichte ich einen Zustand, in dem mich Furcht überkam. Ich stellte Bhagavan dazu Fragen.

Einige von denen, die gerade in der Halle anwesend waren – Bhagavan natürlich ausgenommen – wollten mich davon überzeugen, dass diese Furcht völlig falsch und widersinnig sei. Sie lachten mich sogar wegen meiner Torheit aus. Bhagavan war nicht so amüsiert. Er erklärte mir, dass es das Ego sei, das sich fürchte, da es spüre, wie es allmählich den Halt verliere. Es war am Sterben und nahm das natürlich übel. ‚Wer hat Angst? – Das alles ist auf die Gewohnheit zurückzuführen, den Körper mit dem Selbst zu identifizieren. Löst man sich immer wieder von dieser falschen Vorstellung, wird man mit diesem Zustand vertraut, und die Angst hört von selber auf.'" (Sadhu Arunachala: Ramana Maharshi, S. 65)

Sri Ramana gab Chadwick diese wunderbare Antwort, und sie ist auch für mich die Antwort. Ich möchte das nur teilen, weil es auch hier einige geben mag, die einen ähnlichen Kampf ausfechten.<

Ein Vorschlag:

antakAle ca mAmeva smaranmuktvA kalevaram /
yah prayAti sa madbhAvam yAti nAstyatra saMSayah //
yaM yaM vApi smaranbhAvaM tyajatyante kalevaram /
taM tamevaiti kaunteya sadA tadbhAvabhAvitah //

„Wer im Augenblick des Todes den Körper aufgegeben hat, der erinnert sich nur an Mich. Er erlangt das wahre Wesen des ‚Ichs'. Daran besteht kein Zweifel. An welchen geistigen Zustand man sich am Ende erinnert, wenn man den Körper verlässt, zu dem allein geht man ein, oh Sohn von Kunti, weil man immer an diesen Zustand ‚gedacht' hat." (Bhagavad Gita 8, 5 f.)

Deshalb ist die Übung der Selbstergründung so wichtig. Zum Zeitpunkt des Todes bringt das Ego alle Gründe hervor, um seine (kleine) Wichtigkeit zu zeigen. Es reflektiert über sein Leben und versucht verzweifelt, es zu erhalten. Es betrauert den Verlust seiner Familie und Freunde. Es klagt, dass das keinem geschehen kann, der so schrecklich wichtig ist. Es erinnert sich an seinen Besitz. Es verweilt bei seinem Eigentum und seinen Geschäften. Es sind diese wahllosen Gedanken. Es scheint ewig zu dauern, geschieht aber in einem kurzen Moment. Das Ego ist in Panik geraten. Das ist der Augenblick, es einzufangen. Wenn die Selbstergründung mit einem „starken" Geist eingeübt worden ist, schaltet sie sich ein, findet, dass das Ego schwach und verletzlich ist, und beseitigt jede Spur des Egos, hier und jetzt. Darüber besteht überhaupt kein Zweifel.

1.5.2002

>*Deine Antwort beschäftigt mich noch immer. Du sprichst vom letzten Augenblick vor dem Tod. Ich erfahre dasselbe, was du so gut beschreibst. Das kann auch im Prozess der Selbstergründung über eine längere Phase geschehen. Das Ego tut alle, um zu seiner normalen Stärke und zu seinem üblichen Bewusstsein zurückzufinden, und deshalb streikt der Körper/Geist. Alles gerät außer Kontrolle. Man leidet sehr, und alles Äußere wird sehr schwierig. Ist das normal? Oder läuft hier etwas falsch?*<

Die Selbstergründung ist eine beständige Übung. Wenn immer der Geist die Ergründung vergisst, was seine Art ist, braucht er einen Schubs zurück zu ihr. Wenn die Ergründung die vorherrschende Angewohnheit des Geistes wird, dann sei es so.

Solange man sich fälschlicherweise mit dem Körper identifiziert, nimmt man die Welt als eine äußere Manifestation wahr, woraus Leiden folgt. Die Lösung besteht darin, zuerst die Wirklichkeit zu suchen. Im Augenblick des Todes (wenn das

Ego am schwächsten ist), schlägt der Geist in wilder Panik um sich. Im täglichen Leben kann er sich von seiner Existenz überzeugen. Sogar der Tiefschlaf wird nicht gefürchtet, sondern willkommen geheißen, weil das Ego die Erfahrung gemacht hat, dass es danach jedes Mal wieder auftaucht. Diese Zuversicht ist seine Schwäche. Manchmal ist diese Schwäche klar erkennbar, z.B. wenn man aufwacht. Wenn die Selbstergründung beim Aufwachen einsetzt oder wenn man etwas atemberaubend Schönes sieht usw., wird das Ego unbewusst eingefangen. (Aber pst, sag es nicht weiter.)

29.5.2002 Aham Sphurana

>*Ich bin in einem bestimmten Kontext auf das Wort „aham sphurana" gestoßen. Ich erinnere mich, dass Ramana vor seiner Selbstverwirklichung das sphurana von Arunachala erfahren hat. Die Bedeutung von sphurana ist mir nicht ganz klar. Ich habe nur eine vage Vorstellung, dass es „pulsieren" oder „vibrieren" bedeutet. Kann jemand hier mehr dazu sagen? Wo geschieht dieses sphurana (dieses Pulsieren des Ichs)? Im spirituellen Herzzentrum? Wie wird es erfahren? Was ist seine Bedeutung im Kontext der Selbstergründung? Was ist es? Danke im Voraus für jeden Kommentar.<*

„Sphurana" kann auf verschiedene Weise übersetzt werden: aufleuchten, funkeln, beben, vibrieren, pochen, sichtbar werden, sich manifestieren usw.

Im Wesentlichen ist es die erste Manifestation des Selbst im Körper (die wahre Quelle der Schöpfung). Sie wird erfahren, wenn der Fluss des Bewusstseins umgekehrt wird und Gedanken/das Ego zum Herzzentrum (hridaya) zurückverfolgt werden. Manche haben es als ein physisches Symptom auf der rechten Brustseite erfahren. Man kann auch nach der Offenbarung des Selbst weiterhin das Gefühl eines beständigen sphuranas haben. Im absoluten Sinn jedoch gibt es dafür keinen Ort. Es ist einfach das grenzenlose Zentrum.

16.6.2002

Wenn Vichara spontan geschieht, ist es kein Tun. Meditation verlangt nach einem Subjekt und Objekt, während Vichara zwangsläufig kein Objekt hat. Vichara ist samadhi. Vichara ist turiya (der vierte Zustand). Samadhi ist turiya. Wahres Vichara ist Verwirklichung. Verwirklichung ist frei vom Handeln.

samnyasya sarvakarmANi bhavabandhavimuktayeyatyatAm paNDitair dhIrair AtmAbhyAsa upasthitaih / 10 /

„Der mutige Weise gibt alles Handeln auf, um sich von der Bindung an Geburt und Tod zu befreien, und verweilt im Selbst." (Vivekacudamani, 10)

20.6.2002 Ehrlichkeit

>*Ist die Wahrheit subjektiv, und unterscheidet sie sich je nach Veranlagung?*<

Wo Wahrheit ist, ist keine Falschheit. Brahman ist die Wahrheit. Das Selbst kann nicht erlangt werden, ohne dass man wahrhaftig ist. Leiden ist das Ergebnis von falschen Beziehungen, falschen Ängsten, falschen Vorstellungen. Befreiung ist Wahrheit. Wie wird diese Befreiung verwirklicht? Durch richtiges Handeln von Geist, Sprache und Körper. Das ist jnana, das ist Freiheit, das ist moksha (Befreiung). Selbstergründung ist beständige Wahrheit. Wenn man die Frage beibehält, selbst inmitten weltlicher Pflichten, wird dadurch richtiges Handeln bewirkt.

1.7.2002 Licht

jyotishAmapi tajjyotistamasah paramucyate /
jnAnam jneyam jnAnagamyam hrdi sarvasya vishThitam //

„Es wird das Licht allen Lichts genannt. Es ist jenseits der Dunkelheit, wahre Erkenntnis, das, was erforscht werden muss, durch Erkenntnis verstanden wird und im Herzen aller wohnt." (Bhagavad Gita 13,18)

Das, was alles erleuchtet, ist das Licht. Sein Wesen ist satya (Wirklichkeit), selbstleuchtend, das Licht des Bewusstseins (cidAbhAsa). Wie die Sonne die Welt erhellt, so erhellt das Licht allen Lichtes (der Atman) den Geist und die Sinne. Wie das Auge ohne Sonnenlicht nicht sehen kann, so kann der Verstand ohne das Licht des Selbst nicht funktionieren.

Es heißt, dass dort weder die Sonne scheint, noch der Mond und auch nicht die Sterne, der Blitz oder das Feuer. Kein Licht des Universums kann mit einem Strahl des inneren Lichts des Selbst verglichen werden. Das begriffliche Geschwätz hört auf, wenn man sich vor diesem Licht von allem verbeugt. Übe Vichara und vereinige dich mit diesem beständigen, ewigen Licht allen Lichts, dem Licht des Selbst.

Der strahlende Sri Arunachala, ein offensichtlich unbewusster Berg, repräsentiert still Shiva/Paramatman (den höchsten Atman) und enthüllt das Geheimnis des Selbst für jenen, der durch das Feuer von Vichara eintritt.

7.7.2002

>Ich stimme mit deiner Auffassung eines Prozesses, der aus zwei Stufen besteht, überein. Die Ergründung beginnt mit dem Geist und überschreitet ihn dann.<

Das mag theoretisch so gesehen werden, um die Aufmerksamkeit auf die falsche Identität zu richten, doch eigentlich hat diese Sichtweise keine Substanz. Sogar wenn man sagt, dass die Selbstergründung nur aus einem Schritt besteht, verfehlt man den Sinn. Wenn man das Selbst sucht, ist der Geist nirgendwo. Die Selbstergründung ist der Prozess und das Ziel. Ohne das Selbst geschieht überhaupt nichts. Verwirklichung bedeutet, die Illusion loszuwerden, dass du nicht verwirklicht bist. Das Selbst ist immer verwirklicht. Das hängt weder von einer theoretischen Philosophie-Richtung ab, sei es nun Advaita [die Lehre von der Nicht-Zweiheit] oder Dvaita [die Lehre von der Zweiheit], noch von irgendeiner Übung. Es ist einfach eine Tatsache.

8.7.2002

>*Im Prinzip hast du recht, aber es ist im Allgemeinen nicht die Art, wie die Übung fortschreitet.*<

Ich wollte einfach sagen, dass die Übung am wichtigsten ist. Wenn man an einer intellektuellen Vorstellung von „Fortschritt" klebt oder an Stufen in diesem Prozess glaubt, verstrickt man sich selbst im Netz von Graden, Wachstum usw. Es gibt überhaupt keinen linearen Verlauf. Die Vorstellung von Schritten ist nur ein Gedanke. Das ist meine Erfahrung. Alle Übung ist lediglich eine Probe der spontanen, absoluten Ergründung, die unser Wesen ist. Bei der spontanen Ergründung gibt es weder Stufen noch einen Fortschritt noch eine Bewegung. Es gibt nur das Selbst. Übe Vichara, bis es von selbst beständig im Leben vor sich geht, lass aber die Tür für die Spontaneität (Anstrengungslosigkeit) offen. Das ist Gnade.

9.7.2002

>*Mein Lehrer, der die Nicht-Schöpfung lehrt (es gibt nichts zu erlangen und keiner, der etwas erlangen könnte), lehrt auch, dass Übung nötig ist.*<

Ja, es ist notwendig zu üben (abhyasa vairagyabhyam – durch Übung und Nichtanhaftung). Der Geist muss „stark" werden. Dazu ist Übung das Mittel. Durch beständiges, konzentriertes Üben beginnt der Geist, bei jeder Gelegenheit bei Vichara seine Zuflucht zu nehmen. Das meine ich mit „von selbst" (automatisch). Wie sich ein Mann, dessen Kopf unter Wasser gehalten wird, nach Luft sehnt, so muss der Geist, sobald er von den Verlockungen der Welt abgelenkt wird, sofort

Vichara suchen. Die Übung, die ihn einmal viel Anstrengung gekostet hat, wird mühelos.

>*Mein Lehrer sagt auch, dass die Übung vorwiegend in der Beseitigung der falschen Vorstellungen (Überlagerungen) besteht, die sich als Identifikation mit der Welt, dem Körper, den Sinnen, dem Wissen (prajna) und dem Geist zeigen. Wenn sie alle beseitigt sind, dann ist der Sucher in der Lage, sich als Sein-Bewusstsein-Seligkeit zu verstehen und es zu sein.<*

Neti neti – nicht dies, nicht dies – ist zwar nützlich, tendiert aber dazu, ein rein intellektueller Prozess zu sein. Darüber sagt Sri Ramana:

F.: „Ich beginne mit der Frage ‚Wer bin ich?' und schließe nacheinander den Körper, den Atem und den Geist als Nicht-‚Ich' aus. Aber dann komme ich nicht mehr weiter."

M.: „Das ist in Ordnung, soweit es den Verstand betrifft. Dein Vorgehen ist rein mental. Die Schriften erwähnen dieses Vorgehen nur, um den Sucher zur Erkenntnis der Wahrheit zu führen. Die Wahrheit kann nicht direkt gezeigt werden, deshalb dieses verstandesmäßige Vorgehen. Aber wie du siehst, kann derjenige, der alles Nicht-‚Ich' ausschließt, das ‚Ich' nicht ausschließen. Um sagen zu können: ‚Ich bin nicht dies' oder ‚Ich bin DAS', muss es ein ‚Ich' geben, welches das sagt. Dieses ‚Ich' ist nur das Ego oder der ‚Ich'-Gedanke. ... Suche deshalb die Wurzel des ‚Ichs'. Frage dich: ‚Wer bin ich?' Finde den Ursprung des ‚Ichs'." (aus Talk 197)

>*Ich bin nicht weit gekommen, bis ich mich dazu entschieden habe, regelmäßig zu üben.<*

Es muss weiter als die Entscheidung gehen. Es muss zu einer Notwendigkeit werden.

>*Nome hat auch davor gewarnt, die Notwendigkeit der Übung zu leugnen, indem man Nichtzweiheit [Advaita] eher als eine Vorstellung versteht als die Tatsache, wo man wirklich steht.<*

Ja. Die Vorstellung der „Nicht-Zweiheit" [Advaita] ist nur als Gegensatz zur „Zweiheit" [Dvaita] gültig. Keine von beiden hat etwas mit der Ergründung, dem Sein zu tun.

9.7.2002

>*Ich zitiere hier Ramanas Empfehlung, über das Nicht-Ich (neti, neti) zu meditieren. Aus „Wer bin ich?": „All das bin ich nicht. Wenn man das oben Erwähnte als ‚Das bin ich ganz und gar nicht!' [ich bin nicht der Körper, der Geist usw.] zurückweist, ist das, was danach als einziges übrig bleibt, das reine Gewahrsein, das ich tatsächlich bin. Dieses reine Gewahrsein ist seinem Wesen nach Sein-Bewusstsein-Seligkeit (Sat-Chit-Ananda)."*

Das stimmt mit dem überein, was mein Lehrer sagt. Die Illusion muss beseitigt werden, um das Feld für die Wirklichkeit zu reinigen.<

Ja, ich sehe hier keine Differenz. Was ich klar machen will, ist, dass das Verständnis, das von der „neti neti"-Praxis herrührt, ohne die Frage „Wer bin ich?" Unsinn ist. Als ein vorbereitendes Verständnis ist es aber hilfreich. Doch letztlich bleibt die Analyse: „Ich bin das" oder „Ich bin nicht das" im Bereich der Begrenzung.

David Godman gibt in seinem Buch „Sei, wer du bist" im 6. Kapitel viele Beispiele für diesen wichtigen Punkt. Später heißt es in „Wer bin ich?", aus dem du zitiert hast: „Da jeder andere Gedanke erst nach dem ‚Ich'-Gedanken aufsteigen kann und da der Geist nichts als ein Bündel von Gedanken ist, kann sich der Geist nur durch die Ergründung ‚Wer bin ich?' legen."

Selbst die affirmative Bestätigung „Ich bin Brahman" oder die Negation „Ich bin nicht dieser Körper" lässt das „Ich" übrig, das diese Erklärung abgibt. Wer ist es? Wiederum werden wir letztendlich zur Ergründung des Selbst geführt. Darum geht es.

10.7.2002

>*Aber was Miles gesagt hat, ist, dass Übung nicht nötig ist und dass die Ergründung spontan oder zufällig sein soll, was etwas anderes ist.*<

Die Ergründung ist beabsichtigt und nie zufällig. Übung ist äußerst wichtig. Spontaneität (ohne Zwang und natürlich) ist die Manifestation der immer fließenden Gnade, wenn der Geist stark wird. Dann wird das, was Anstrengung gekostet hat, mühelos.

17.7.2002

>*Ich schätze diese Ramana-Guru-Bhakti-Gruppe.*<

Alles ist berechtigt (*bhakti, jnana, karma*). Die Lehren der Weisen passen zu Zeit, Ort und anderen Gegebenheiten. Doch am Ende führen sie alle zum Ort, wo man sich Atma Vichara unterwirft und lokavichara aufgibt.

18.8.2002

>*Was ist lokavichara? Ich bin mir nicht sicher, ob ich dich richtig verstehe.*<

Lokavichara bedeutet, auf die Welt der Äußerlichkeiten zu achten, anstatt sich an die Grundlage des „Ichs" zu halten. Dagegen eröffnet Atma Vichara das „Geheimnis" des Selbst und macht deutlich, dass die Welt, betrachtet man sie als getrennt von der ihr zugrunde liegenden Wirklichkeit, unwirklich ist.

7.8.2002

Das zweite Kapitel der Sri Ramana Gita enthält die Essenz von Sri Bhagavans Lehre:

Hrdayakuharamadhye kevalam brahmamAtram hyahamaha-
miti sAkshAdAtmarupeNa bhAti |
hrdi viSa manasA svam cinvatA majjatA vA
pavanacalanarodhAdAtmanishTho bhava tvam ||
(Ramana Gita 2. 2)

„Im Innersten erstrahlt das Herz als Brahman, als ‚Ich-Ich‘, das bewusste Selbst. Tritt tief ins Herz hinein, indem du das Selbst suchst oder tief nach innen tauchst oder den Atem kontrollierst, und bleibe auf diese Weise immer im Atman."

Dieser Vers offenbart das Selbst und die drei Methoden für seine Verwirklichung, die jnana, bhakti und Yoga umfassen.

Hrdayakuharamadhye kevalam brahmamAtram

Im Innern der Höhle des Herzens scheint allein Brahman – nicht mehr und nicht weniger. Dieses Herz ist der Sitz des Selbst. Es ist nichts anderes als Brahman. Du bist immer im Herzen. Du bist dieses Herz. Es ist das Selbst. In Wirklichkeit hat das Selbst keinen Sitz, aber um dem Übenden zu helfen und eine Richtung zu weisen, hat Sri Bhagavan uns in seiner Gnade auf die Mitte unseres Seins hingewiesen.

„Mit ‚Herz‘ ist nicht das physische Herz gemeint, sondern das spirituelle. Hridayam = hrit + ayam = Das ist das Zentrum. Das Herz ist das, woraus sich die Gedanken erheben, auf dem sie beruhen und in dem sie sich wieder auflösen. Gedanken sind der Inhalt des Geistes. Sie bilden das Universum. Das Herz ist das Zentrum von allem. ‚Yatova imani bhutani jayante‘ (das, woraus diese Lebewesen ins Sein kommen) nennt man in den Upanishaden Brahman. Das ist das Herz. Brahman ist das Herz." (aus Talk 97)

Wir sollten uns nicht dazu verleiten lassen, zwischen dem Physischen und dem Spirituellen zu unterscheiden. Das Physische ist völlig vom Spirituellen abhängig, aber das Spirituelle nie vom Physischen. (Das bedeutet, dass eine Unterscheidung einfach eine falsche Wahrnehmung ist.) Obwohl man vom Herzzentrum spricht, hat es kein Zentrum und keinen Umfang. Alles, der Körper und alles andere, existiert in ihm.

„Dieser Raum im Herzen ist so groß wie der (physische) Raum außen. Tatsächlich sind in ihm Himmel und Hölle, Feuer und Luft, Sonne und Mond, der Blitz und die Sterne enthalten. Was immer in dieser Welt ist und was nicht, alles ist in ihm gegründet." (Chandogya Upanischad 8.1.3)

hyahamahamiti sAkshAdAtmarupeNa bhAti

Als „Ich-Ich", das bewusste Selbst; selbstevident, andauernd und ununterbrochen.

F.: „Was ist das Herz?"

M.: „Es ist der Sitz des Selbst, wenn man so sagen will."

F.: „Ist es das physische Herz?"

M.: „Nein. Es ist der Ort, aus dem sich das ‚Ich-Ich' erhebt." (aus Talk 52)

Können wir das Selbst im Körper erkennen/erfahren? Ja, das können wir. Atma Vichara ist dafür der Schlüssel. Wenn das „Ich-Ich"-Bewusstsein einmal freigegeben ist, strahlt es direkt und unbehindert.

hrdi viSa manasA svam cinvatA majjatA vA
pavanacalanarodhAdAtmanishTho bhava tvam ||

Wie tauchen wir den Geist ins Herz hinab? Dazu werden drei Methoden vorgeschlagen. Die Suche nach dem Selbst ist jnana. Tief einzutauchen ist bhakti, das Angezogen-Sein vom oder zum Selbst hin, sei es mit oder ohne Eigenschaften. Die Atemkontrolle ist der Weg des Yoga. Im Wesentlichen lösen sich alle drei Methoden in der einen Methode auf: Atma Vichara. „So bleibe immer im Atman."

11.9.2002 Yoga – das Herz aller Dinge

>*Kann mir jemand ein Zitat nennen, in dem Bhagavan den Leuten die Technik empfiehlt, ihre Aufmerksamkeit bewusst auf die rechte Brustseite zu richten.*<

In „Selbstergründung" sagt Bhagavan: „Die besten Orte für die Meditation sind das Herz und Brahmarandhara (die Öffnung auf dem Kopf). Man soll sich vorstellen, dass inmitten des achtblättrigen Lotus dieses Ortes die Gottheit, die das Selbst, d.h. Brahman ist, wie eine Flamme erstrahlt, und sich darauf konzentrieren. So soll man meditieren." (Collected Works, S. 22 f.)

Es gibt auch noch andere Stellen in „Selbstergründung", die vom Herzen sprechen.

12.9.2002 Selbstergründung und das Herz

>*In dieser Lehre finde ich keine Betonung des „Herzens". Die Ergründung wird vielmehr als „gestaltlos" beschrieben.*<

Mit oder ohne Gestalt – wen kümmert das? Diese Gegensätze werden sich von selbst auflösen.

Sri Ramana sagte: „Die Quelle des ‚Ichs' ist das Herz – das ist das endgültige Ziel." Der leichteste und direkteste Weg, „der erste und wichtigste Schritt, den man tun muss", ist die Ergründung. Wenn Vichara einem nicht zusagt, kann man mit anderen Methoden, wie mit der Meditation über ein „Zentrum", „neti neti" oder Atemkontrolle usw. beginnen. Das Herz ist das Selbst. Es ist die Quelle des Geistes. Alles andere ist reine Polemik.

>*Ich habe mich bei meiner Ergründung mehrere Jahre lang auf das „Herzzentrum" auf der rechten Brustseite konzentriert. Das „Gefühl", das von diesem Zentrum herrührt, ist das beständigste dieses Körpers.*<

Die unwiderstehliche Anziehungskraft des Herzens ist kein Gefühl des Geistes. Es ist die höchste Kontinuität. Obwohl es sich physisch zeigen kann, ist es nicht vom Physischen abhängig. Es ist nicht objektiv. Es wird spürbar, wenn sich die Inhalte des Geistes verflüchtigen und das Ego an Halt verliert. Es ist der ursprüngliche Ausdruck des Selbst. Wenn man Selbstergründung übt, ist das das unausweichliche Ergebnis.

„Sri Ramana sagte einmal: ‚Ich konnte spüren, wie das Herz zu schlagen aufhörte, wovon aber das Herzzentrum nicht beeinträchtigt war. Dieser Zustand dauerte etwa eine Viertelstunde an.‘ Wir fragten ihn, ob es stimme, dass es einigen seiner Schüler vergönnt gewesen sei, ihre Hände auf Sri Bhagavans Brust zu legen und sein Herzzentrum auf der rechten Seite zu spüren. Er bejahte." (aus Talk 403)

>*Als ich Nome über meine Praxis fragte, hat er mich grundsätzlich dazu ermutigt – solange sie zum „Wer bin ich?" führt. Tatsächlich ist das der Haken. Ich schreibe das als ein Sucher und nicht als jemand, der das Selbst verwirklicht hat. Deshalb ist vieles von meinem Wissen „indirekt" (das heißt, es wurde durch indirekte Mittel wie den Geist erworben). Ramana dagegen sprach aus „direkter" Erkenntnis. Nome lehrt auch aus „direkter" Erkenntnis.*<

Direkt/indirekt – das macht keinen Unterschied. Wenn man sich an direkt oder indirekt hält, verschärft das für den Sucher nur das Problem. Alles, was nötig ist, ist, Atma Vichara zu üben.

12.9.2002

>*1. Verfolge den Ich-Gedanken zu seiner Quelle. 2. Alle Gedanken verschwinden. 3. Ein Pochen entsteht im Herzzentrum. 4. Beobachte diesen Ort.*<

In der Tat. Das ist genau das, was geschieht.

12.9.2002

>*Wenn jemand versucht, sich auf das Herzzentrum zu konzentrieren, bevor es sich mit dem sphurana ankündigt, dann stellt er sich vielleicht nur das Herzzentrum vor. Anstatt dass er dem Wirklichen anheimfällt, bildet er sich etwas ein. Dann konzentriert er sich auf dieses eingebildete Etwas. Es bleibt ein Objekt, und sein Sinn für die Subjektivität bleibt erhalten. Oder anders ausgedrückt, er übt eine Art Meditation, die im Tantra Yoga und im Tai Chi verbreitet ist.*<

Das ist kein Problem. Es ist zu vermuten, dass Ramana Arthur Osborne tatsächlich diese Anweisung gegeben und er sie an jeden weitergegeben hat, der sich dafür interessierte. Die Konzentration dient dazu, äußere Gedanken zu beseitigen. Die Ergründung hält dann denjenigen fest, der sich konzentriert. Nicht allen Übenden (sadhakas) werden notwendigerweise dieselben Übungen empfohlen. Verschiedene Leute – verschiedene Fähigkeiten. Aber alles ist am Ende Vichara.

21.9.2002

>*Um dieses Herz zu erreichen, wird auch Atemkontrolle als Mittel vorgeschlagen. Vielleicht kann jemand etwas darüber sagen, der Atemkontrolle geübt hat.*<

>*Ich würde gern wissen, ob jemand einen praktischen Ratschlag für diese Übung geben kann. Der Ashram hat das Buch „The Technique of Maha Yoga" herausgebracht. Es empfiehlt, sich beim Ausatmen, das auf das Anhalten des Atems folgt, auf das Herzzentrum zu konzentrieren. Ich konzentriere mich lieber beim Anhalten des Atems. Wie praktizieren die anderen hier?*<

Sri Bhagavan verglich samadhi mit „der Stille eines wellenlosen Meeres" (Talk 406). Was für ein schöner Ausdruck! Wenn der Atem kontrolliert wird, wird diese „Stille" erfahren. Die Kontrolle kann erzwungen sein, wie in verschiedenen

Hatha-Yoga-Übungen, oder spontan, wie es in der Sri Ramana Gita, Kapitel 6 erwähnt wird:

prANarodhaSca manasA prANasya pratyavekSaNam /
kumbhakam sidhyati hyevam satatapratyavekSaNAt //

Die Atemkontrolle besteht in der Aufmerksamkeit auf den Fluss des Atems. Auf diese Weise wird durch beständige Aufmerksamkeit das Zurückhalten des Atems (kumbhaka) erreicht.

Geist und Atem haben dieselbe Quelle. Deshalb wird, wenn eines davon kontrolliert wird, auch das andere kontrolliert. Doch in der Praxis scheint das beständige Beobachten des Atems leichter und effektiver zu sein, als ihn gewaltsam zu kontrollieren. Ich erinnere mich daran, dass Sri Bhagavan die beiden Methoden mit dem Melken einer Kuh verglich. Bei der ersten Methode wird die Kuh dazu überredet, indem man sie mit Gras füttert und sie sanft tätschelt. Bei der zweiten Methode wird sie gewaltsam gemolken, ob sie das nun mag oder nicht. Jene, die beide Methoden praktiziert haben, haben berichtet, dass die Gefahr besteht, in Bewusstlosigkeit (laya) zu fallen, wenn man die gewaltsame Kontrolle anwendet. Damit wird jede nachfolgende Übung der Selbstergründung unmöglich. Dagegen bewirkt die einfache Aufmerksamkeit (pratyavakSaNa) kumbhaka, wenn sie mit Atma Vichara verbunden wird. Sphurana kommt spontan aus dem Herzen (mit oder ohne physische Manifestation). Es scheint, dass Sri Bhagavan die einfache Überredungsmethode empfiehlt, und nur jenen zur Hatha-Yoga-Methode rät, die kumbhaka (was nichts anderes als sahajasthiti, das Verweilen im Selbst, ist) auf diese Weise nicht erlangen können. Es ist die Methode, die auch hier Anwendung findet.

11.11.2002

Dieser Abschnitt wurde vor einiger Zeit auf der Ramana Maharshi Liste in einem Gespräch gepostet. Vielleicht hilft er auf der Suche nach einem Zitat, in dem Bhagavan den Leuten die Technik empfiehlt, ihre Aufmerksamkeit bewusst auf die rechte Brustseite zu richten.

„Wenn wir uns zu unserer Quelle zurückverfolgen und alle Gedanken verschwunden sind, erhebt sich ein Pochen, das aus dem Herzen (hridaya) auf der rechten Seite der Brust kommt und sich als ‚Ich'-‚Ich' (‚Aham', ‚Aham') manifestiert. Es ist das Zeichen dafür, dass das reine Bewusstsein anfängt, sich zu offenbaren. Aber es ist kein Selbstzweck. Beobachte, von wo dieses Pochen (sphurana) ausgeht, und warte aufmerksam und stetig auf die Enthüllung des Selbst. Dann tritt das Bewusstsein, die Einheit des Seins, ein." (Ganesan: Moments Remembered, S. 53)

Das ist eine klare Aussage, nicht wahr? Auf jeden Fall ist es die Erfahrung einiger, die Atma Vichara üben, dass der unaufhaltsame Sog zu diesem besonderen Punkt, nämlich zum Hrdaya auf der rechten Brustseite, ein bewusstes Beobachten bewirkt, gefolgt von einer spontanen Enthüllung. Selbst nach diesem Vorfall kann das Pochen noch für einige Zeit weitergehen (tut es aber nicht immer). Inwieweit das eine Technik ist, weiß ich nicht. Man „kann" es bestimmt für eine Technik halten.

Zuvor heißt es im selben Text: „Wenn wir durch Meditation oder Ergründung unser Zentrum, das Herz, erreichen und damit unser wahres Selbst sind, genießen wir reines Glück."

Hridaya wird in diesem Buch auf verschiedene Weise beschrieben: als „der Sitz Gottes in uns", „der Sitz des reinen Bewusstseins", „vom physischen Herzen verschieden", „ist auf der rechten Brustseite und wird üblicherweise nicht erkannt oder gespürt", „der genaue, wirkliche, physische Sitz der Intuition des Selbst". Es wird weiter gesagt, dass das Wort ‚physischer Sitz' verwirren kann. Was damit wirklich gemeint ist, ist, dass es ein Zentrum reinen Bewusstseins im physischen Körper gibt. Es ist auf das Physische bezogen, ist aber selbst nicht physisch. Das kann man erfahren.

Vielleicht sollte man sich einfach Atma Vichara zuwenden und es selber herausfinden. Ob man damit beginnt, sich auf das Herz zu konzentrieren, ist dabei unwesentlich. Es ist sicherlich keine Notwendigkeit bei der Ergründung. Aber es wurde gesagt, dass es eine unumgängliche Schlussfolgerung ist.

28.11.2002

>*Es ist seltsam: Wenn man ernsthaft Vichara übt, fängt der Geist an, Probleme zu machen. So ist es bei mir. Der Geist ist manchmal so aufgewühlt, dass man sich fragt, wie man überhaupt noch üben soll. Viel Gedankenkram kommt zum Vorschein. Aber ich erinnere mich daran, dass Bhagavan gesagt hat, das sei normal. Die vasanas tauchen auf. Also ist es in Ordnung.*

Sadhu Om sagt irgendwo, dass das die Gnade des Gurus sei. Vichara ist ein sehr starker Reinigungsprozess, wie das Fegefeuer im Christentum. Das ist für das Ego nicht angenehm. Irgendwo habe ich gelesen, dass Vichara immer Seligkeit bedeutet. Aber dem kann ich nicht zustimmen. Es ist eine harte Schufterei. Das ist gewiss so. Allmählich stellt sich dann der Friede ein, aber zuerst kommt die Reinigung.<

Ich mag sehr dumm sein, aber es hat den Anschein, dass es einen übertriebenen Wunsch gibt, aus etwas, das an sich sehr einfach ist, etwas Kompliziertes zu machen. Das Problem ist Gedankenkram – ein Gedanke, der einen anderen Gedanken jagt, sich zu noch mehr Gedanken verbindet und zu dem Gedankenbündel beiträgt, das man ohnehin schon hat. Das alles zieht man in einem kleinen Wagen hinter sich her oder schiebt es vor sich her. Die Lösung besteht darin, dem Einhalt zu gebieten.

Um den Gedankenkram zu unterbrechen, übt man Selbstergründung. Selbstergründung bedeutet einfach, sich der abirrenden Gedanken bewusst zu werden und zu fragen, wem sie kommen. Das ist es, worum es geht. Alles andere ist weiterer Gedankenkram.

Die zunehmende Aktivität im Geist ist ein Irrtum. Was geschieht, ist, dass man sich der Absurdität der Gedanken verstärkt bewusst wird. Wenn man übt, stellt sich die Selbstergründung immer öfter ein, das Empfinden von Frieden nimmt zu, (d.h. man versteht, dass der Geist nicht dem unablässigen Gedankenstrom nachgeben muss, der zu diesem Gerümpel geworden ist), und schließlich geht diese Übung den ganzen Tag und die ganze Nacht weiter. Bis etwas geschieht. Das Ego trifft auf seine größte Angst, seine Vernichtung. Für mich war es ein Schlag auf den Kopf, gefolgt von einem beständigen Pochen, und ich wurde eilig ins Krankenhaus gebracht. Ich wurde wiederbelebt und musste noch einige Tage dortbleiben.

11.3.2003 Still ist langweilig?

Langeweile? ☺

Langeweile ist Gedankenkram! Derjenige, der gelangweilt ist, ist das eigentliche Problem. Wie wäre Langeweile ohne ihn möglich? Das ist der menschliche Zustand, der Vergleich zwischen diesem und jenem, zwischen Aktivität und Langeweile. Im Gewahrsein gibt es absolut keine Langeweile. Du glaubst, dass es etwas Interessanteres zu tun geben müsse, und sagst, dass du gelangweilt bist. Das ist kein Gewahrsein. Das ist Gedankenkram, eine einfache Befriedigung der Launen des affenartigen Geistes. Wenn man im täglichen Leben Selbstergründung übt, anstatt nur zu bestimmten Zeiten der Sitzmeditation, kann das sehr leicht überwunden werden, ohne dass man die „Unterhaltung" verliert. Die Selbstergründung ist lebendig und nie langweilig. Sie beseitigt wirksam denjenigen, der sich langweilt!

29.5.2003

>*Wenn ich versuche, die Quelle des „Ich"-Gedankens zu finden, dann ist er bei mir im Kopf zu finden und nicht auf der rechten Brustseite. Und wenn ich versuche, das „Ich" im Herzen zu lokalisieren, beobachte ich, dass das „Ich" im Kopf versucht, den Fortschritt des „Ichs" im Herzen zu überwachen, um zu sehen, ob es sicher dort ruht. Aber es kann ja keine zwei „Ichs" geben. Wenn ich versuche, das zu ergründen, finde ich heraus, dass das „Ich" im Kopf der Zeuge des „Ichs" im Herzen ist. Das scheint mir nicht richtig zu sein, da es Ramanas Lehre widerspricht. Hat jemand ein ähnliches Problem, oder kann mir jemand helfen, der mehr Erfahrung mit der Selbstergründung hat?<*

Das ist eine interessante Frage, die sich Übende (sadhakas) oft nicht trauen, zu stellen, vielleicht weil die Antwort als ein Schlag ins Gesicht aufgefasst werden kann.

Oft wird der Geist ergründet und bleibt fest im „Ich"-Gedanken verhaftet. Ahamkara (das „Ich"-Empfinden) überlebt, indem es mit dem Objektiven verbunden wird. Wenn man nach einem Sitz für dieses „Ich" sucht, wird das gefördert. Wenn du irgendwo das „Ich" wahrnimmst, gibt es eine Subjekt-Objekt-Beziehung.

Das Selbst hängt nicht von einem Ort ab. Mit dem Selbst sollte nichts assoziiert werden. Untersuche stattdessen, was der Geist ist, und er wird verschwinden. Abgesehen von den Gedanken gibt es überhaupt nichts, was man „Geist" nennen könnte. Der Geist hängt völlig davon ab, dass der ursprüngliche „Ich"-Gedanke aufsteigt. Dieser „Ich"-Gedanke muss entwurzelt werden. Dein „Ich" im Kopf und dein „Ich" im Herzen sich beide symptomatisch für den ursprünglichen „Ich"-Gedanken. Wäre es nicht so, könntest du diese Frage nicht stellen.

Der Prozess der Ergründung wird oft intellektualisiert, ohne dass man es bemerkt. Stattdessen muss man sich der Gnade öffnen. Stell die Frage, erwarte keine Antwort. Betrachte die physischen Begriffe „Kopf" und „Herz" als willkürlich. Sie haben nichts mit der Ergründung zu tun, sondern nur mit Polemik. Vichara zieht polemische Diskussionen an. Das alles ist natürlich Gedankenkram.

Nur die Frage ist von Bedeutung. Jede Antwort, die der Geist auf die Frage „Wer bin ich?" gibt, muss hinterfragt werden. Alle Gedanken müssen verschwinden. „Wenn wir bis zu unserer Quelle zurückgehen und alle Gedanken verschwunden sind, entsteht aus dem Herzen (hrdaya) auf der rechten Seite ein Pochen: ‚Aham' ‚Aham' ‚Ich' ‚Ich'. Das ist das Zeichen, dass sich reines Bewusstsein zu zeigen beginnt. Aber das ist kein Selbstzweck. Beobachte, woher dieses Pochen (sphurana) kommt, und warte aufmerksam und ständig auf die Offenbarung des Selbst. Dann tritt das Bewusstsein, die Einheit des Seins, ein." (Moments Remembered, S. 53)

Wenn aham sphurana aus der stillen Tiefe des Herzens aufsteigt, wenn das spontan geschieht, kann es tatsächlich ein Empfinden auf der rechten Brustseite geben. Doch die Orte Kopf und Herz sind für Vichara nicht wichtig. Aham sphurana ist das Trompetensignal des Selbst.

Mit Übung wird Vichara Tag und Nacht beständig. Es geht weiter, wenn man mit jemandem spricht, bei der Arbeit und in Zeiten gegenstandsloser Stille. Dann ist der Erfolg sicher.

31.1.2003

>*Wenn ein Sucher keinen Lehrer hat, besteht das Risiko, dass das eigene Ego des Suchers die Übung lenkt (und begrenzt). Auch gibt es das Risiko der „Haie im Meer".*<

Vielleicht muss man verstehen und darauf vertrauen, dass sich alles genau so entfaltet, wie es soll. Die Haie schwimmen im Meer, aber auch die kleinen Fische. Beide teilen sich das Meer und brauchen es für ihr Fortbestehen. Das Ego scheint nur die Praxis zu leiten. Wenn die Praxis reift, gab es nie ein Ego. Das ist ein Teil des Geheimnisses der Ergründung. Man kann in tiefen, gefährlichen Wassern enden, sei es mit oder ohne einen Lehrer. Es spielt keine Rolle. Das Beste ist, sich ernsthaft anzustrengen, selbst schwimmen (oder vielmehr tauchen) zu lernen. Wenn das Schwimmen des Lehrers nur theoretisch ist, gibt es kein Problem. Und wenn man einen anderen Lehrer braucht, wird er sich einstellen. Aber das Problem besteht in diesem Wunsch nach Verbindung, dieser Trennung, im menschlichen Zustand. Wenn man den Geist reinigt, kann es keinen falschen Weisen geben. Wenn man den Weisen wirklich als das eigene Selbst liebt, fällt alles spontan an seinen richtigen Platz.

2.2.2003

>*Ich übe beständig Vichara, auch wenn ich gehe oder spreche. So habe ich es auch mit der Mantra-Praxis gehalten. Ich habe mein Mantra immer, in jedem Augenblick des Tages, in Erinnerung behalten.*<

Das ist wunderbar. Vichara muss auch während der Arbeit geübt werden, immer. Sri Bhagavan sagte: „Was ist deine wahre Natur? Schreiben, gehen oder sein? Die eine, unveränderliche Wirklichkeit ist Sein. Bis du diesen Zustand reinen Seins verwirklichst, solltest du die Ergründung fortsetzen. Bist du einmal fest darin gegründet, gibt es keine weiteren Sorgen mehr." (aus Talk 596)

Hat Sri Bhagavan nicht erklärt: „Vichara ist der Vorgang und auch das Ziel. ‚Ich bin' ist das Ziel und die endgültige Wirklichkeit. Daran mit Anstrengung festzuhalten, ist Vichara. Geschieht es spontan und natürlich, ist es Verwirklichung." (aus Talk 390)

Oft wird die Übung nur zu bestimmten Zeiten ausgeführt. Was für eine Schande!

14.2.2003

>*Ist nicht Vichara Hingabe (bhakti) an das Selbst, eine Hingabe an die Quelle? Kann man es so sehen?*<

Ja. Völlige Hingabe ist von Atma Vichara nicht verschieden. Der bhakta wandert durch die Welt und denkt nur an Ihn. Die Angst, die entsteht, wenn er Ihn nur eine Sekunde lang vergisst, ist so groß, dass sie sofort seine Aufmerksamkeit auf die Quelle seiner Liebe zurücklenkt. Der wahre bhakta lebt in einer Welt reiner Liebe, wo Selbstsucht (oder Ego) nichts weiter ist als eine dünne Wolke, die leicht von der Sonne (der Hingabe) aufgelöst wird.

18.4.2003

Der menschliche Zustand entsteht, wenn man sich unverwechselbar macht und sich als getrennt von Brahman (dem Selbst) wahrnimmt. Der Kampf des Menschen um die Befreiung wird so lange verhindert, als er innerhalb der Grenzen von Wachen, Traum und traumlosem Schlaf Geburt, Tod und Wiedergeburt für sich beansprucht. „Ich bin", das selige Selbst ist die natürliche Erfahrung, die das Ego, den Geist, den Intellekt und die Sinne überschreitet. Ich existiere als das Selbst des Universums. Das Universum existiert in Mir. „Ich bin das Selbst, das im Herzen aller Lebewesen wohnt, ich bin der Anfang, die Mitte und auch das Ende aller Lebewesen." (Bhagavad Gita, 10,20)

„Zu ergründen ‚Wer bin ich?' bedeutet, die Quelle des Egos oder ‚Ich'-Gedankens zu finden. Du sollst nichts anderes denken, wie etwa: ‚Ich bin nicht dieser Körper' usw. Die Quelle des ‚Ichs' zu suchen, ist ein Mittel, alle anderen Gedanken loszuwerden. Wir sollten den anderen Gedanken keinen Spielraum einräumen, wie etwa ‚Ich bin nicht dieser sterbliche Körper' oder ‚Warum hat Gott diese Welt erschaffen?', sondern müssen unsere Aufmerksamkeit darauf richten, die Quelle des ‚Ich'-Gedankens zu finden, indem wir, sowie ein

Gedanke auftaucht, fragen, wem er kommt. Wenn die Antwort dann lautet: ‚Ich habe diesen Gedanken', dann muss man weiterfragen, wer dieses ‚Ich' ist und wo seine Quelle liegt." (aus "Wer bin ich?")

30.9.2003 Das Selbst kann erfahren werden

Das Selbst ist die ursprüngliche Erfahrung. Es ist die einzig wirkliche Erfahrung. Alles andere ist eine Abwandlung, eine Vorstellung, die auf einer falschen Voraussetzung beruht.

„Es gibt niemanden, der auch nur für einen Augenblick das Selbst nicht erfährt." (aus Talk 97)

30.9.2003 Das Selbst kann erfahren werden

>*Ich bin mir sicher, dass Sri Ramana nicht das Wort „Erfahrung" benutzt hat, denn „Erfahrung", wie es gewöhnlich gebraucht wird, beinhaltet die Existenz der Dreiheit – der Erfahrende, das, was erfahren wird, und das Erfahren.*<

Warum sollte das Wort „Erfahrung" problematisch sein? Es kommt überall in der advaitischen Literatur vor. Wenn es problematisch ist, dann nur wegen der Unzulänglichkeit der Sprache und unseres semantischen Vorverständnisses. Hier sind einige Beispiele, die mir unmittelbar in den Sinn kommen. „Gewöhnliche" Erfahrung ist viparIta (vom Wirklichen verschieden).

„Die Gedanken ‚Ich' und ‚mein', die dem Körper und den Sinnen, die nicht das wahre Selbst sind, irrtümlich zugeschrieben werden, müssen vom Weisen beseitigt werden, indem er als wirkliches Selbst verbleibt." (Vivekacudamani)

Erst wenn ahamkara (‚Ich', ‚mein' usw.) aufgetaucht ist, beinhaltet die Erfahrung die Dreiheit (traya vidya). Die Erfahrung des Selbst ist ewig. Doch der Geist, der versucht, das Selbst zu erfahren, ist wie das Bild im Spiegel, das erklärt, es existiere aus sich selbst heraus und sei dasjenige, das das ursprüngliche Bild erfährt. Die Erfahrung des Geistes gehört dieser Dreiheit an, und das ist falsch.

„Alle Zweiheit von Subjekt und Objekt und die Dreiheit von Seher, Sehen und Gesehenem können nur existieren, wenn sie vom Einen unterhalten werden. Wenn man sich nach innen wendet und die eine Wirklichkeit sucht, fallen sie weg. Jene, die das erkennen, erkennen die Weisheit. Sie zweifeln nie." (Vierzig Verse, Vers 9)

„Eine Krankheit wird nicht dadurch geheilt, indem man den Namen der Arznei sagt, ohne sie einzunehmen. Du wirst nicht dadurch befreit, indem du nur das Wort ‚Gott' sagst, ohne Ihn direkt zu erfahren (parokSAnubhavam)." (Vivekacudamani, 62) Die direkte Erfahrung führt den Erfahrenden, das Erfahrene und das Erfahren wieder zusammen.

„Dass wir die Seligkeit des Selbst frei von den Sinnen im Tiefschlaf erfahren (anubhUyate), wird von den Schriften bestätigt wie auch durch direkte (selbstevidente) Erfahrung (pratyaksham), durch die Tradition und durch Schlussfolgerung." (Vivekacudamani, 107)

Sri Maharshi gebraucht in der Ramana Gita, 2,2 das Wort „sAkshAt". Das bezieht sich auf die direkte und selbstevidente Erfahrung, die von nichts anderem abhängt, nur von sich selbst.

„Im innersten Innern, dem Herzen,
strahlt allein Brahman
als ‚Ich'-‚Ich', das bewusste Selbst.
Tritt tief ins Herz ein,
indem du das Selbst suchst oder tief hineintauchst
oder den Atem kontrollierst.
So bleibe immer in Brahman."

>*Man sollte das, was der Große sagt, nicht wörtlich übersetzen.*<

Es gibt an den Worten des Maharshi nichts Kryptisches. Darin liegt ihre Schönheit. Der Fehler liegt nur darin, zu versuchen, sie als Dreiheiten zu interpretieren.

„Jeder erfährt das Selbst in jedem Augenblick seines Lebens." (aus Talk 78)

Anstatt das zu analysieren und zu diskutieren, sollten wir diesen Gedankenkram untersuchen und seine Quelle finden. Wenn wir das Nicht-Selbst beseitigen, wird das Selbst enthüllt, das immer evident ist und von selbst erstrahlt.

1.11.2003 Kevala kumbhaka (Zurückhalten des Atems)

>*In „Selbstergründung" wird erwähnt, dass kevala kumbhaka eine Hilfe für die Ergründung ist/sein kann. Das klingt nach einer Atemübung. Weiß jemand, wie man das macht? Danke.*<

In Talk 448 gibt Bhagavan eine Beschreibung von kumbhaka in Bezug auf Vichara.

„Naham – Ich bin nicht das – entspricht der Ausatmung (rechaka).

Koham – Wer bin ich? (die Suche nach dem Ich) – entspricht der Einatmung (puraka).

Soham – Er ist ich (das Selbst allein) – entspricht dem Zurückhalten des Atems (kumbhaka).

Dies sind die Funktionen der Atemkontrolle (pranayama).

Die drei Formeln sind also:

Na – Aham (nicht – ich)

Ka – Aham (wer – ich)

Sa – Aham (Er – ich)

Streiche die Präfixe und halte dich an den gemeinsamen Nenner: Aham – ‚Ich'. Das ist der Kern der ganzen Sache."

Für den jnani ist kevala kumbhaka (die Zurückhaltung des Atems) einfach das spontane Verweilen im Selbst. Diese Zurückhaltung des Atems ist die natürliche Schlussfolgerung der Übung der Unterscheidung und Ergründung. Oberflächlich betrachtet scheint der jnani wie jeder andere zu atmen, aber seine geistige Stille deutet auf kevala kumbhaka hin, auf die innere Atemkontrolle (antah pranayama) im Gegensatz zur äußeren Atemkontrolle (bahih pranayama). Letztere wird in der Literatur immer wieder erwähnt, wie etwa in der Sri Ramana Gita, Kapitel 6: Über die Geisteskontrolle. Doch selbst hier, wo das Verhältnis von Ein- und Ausatmen und Anhalten des Atems im Hatha-Yoga erwähnt wird, wird betont, dass die jnanis rechaka (ausatmen) als das Aufgeben der Vorstellung, der Körper zu sein, definieren. Puraka (einatmen) ist die Frage nach dem Selbst und kumbhaka das Verweilen im Selbst oder sahaja sthiti. Die innere Atemkontrolle wird eindeutig der äußeren vorgezogen, wenn man sie praktizieren kann. Wenn nicht, dann genügt die einfache Beobachtung des Atems, um spontanes kumbhaka zu bewirken. Oder die beständige Verbindung mit erleuchteten Weisen. Oder die Wiederholung von Mantren. Wenn das alles nicht möglich ist, dann kann man es unter Aufsicht mit der Atemübung des Hatha-Yoga versuchen.

24.1.2004 Deine eigene Erfahrung

>*Ich würde gern von den eigenen Erfahrungen, Gefühlen usw. hören, die jemand gemacht hat, der der Frage folgt: „Was ist der Ursprung des Ichs?" Was geschieht mit dir? Wohin gehst du? Wie ist es? Wie fühlt es sich an, sieht es aus, hört es sich an, schmeckt es usw.? Bitte beschreibe es mit eigenen Worten. Bitte beschreibe die genaue Abfolge der Ereignisse, deiner Gefühle, Gedanken usw., die du erfährst, nachdem du die Frage über dein/das Ich gestellt hast.*<

28.1.2004 Re: Deine eigene Erfahrung

>*Ich würde gern von den eigenen Erfahrungen, Gefühlen usw. hören, die jemand gemacht hat, der der Frage folgt: „Was ist der Ursprung des Ichs?"*<

Handelt es sich um eine philosophische Frage oder um die wirkliche Übung? Wenn letzteres der Fall ist, dann würde ich antworten, dass während der Übung der Ergründung jede Antwort, jede Erfahrung, jedes Gefühl usw. nur dazu führen kann, die Ergründung des „Ichs" weiterzuführen. Ob das Ego schreit oder im Todeskampf aufgibt oder sich in seiner Wahrnehmung der „Seligkeit des Selbst" aalt – die Ergründung muss weitergeführt werden. Ob ich meine Identität in Bezug auf meine Familie, meine Freunde, mein Zuhause, meine Liebe fürs Leben, meine Gesundheit usw. festlege oder bekenne, die Einheit zu kennen, die Ergründung muss weitergehen. Ob Angst oder Freude vorherrschen, derjenige, der das erfährt, muss ergründet werden. Solange „ich" etwas erfahre, ist es Zeit, intensiv Selbstergründung zu üben. Wenn man schließlich entdeckt, dass die Frage nach dem „Ich" so berechtigt ist wie die Jagd nach dem mythischen Haggis – wer kann dann noch über die tatsächlichen Erfahrungen, Gefühle usw. diskutieren?

>*Was geschieht mit dir?*<

Du hast dasselbe Schicksal wie ich und er usw. Wenn das „Ich"-Empfinden entsteht, dann entstehen auch andere Personen. Wenn das „Ich"-Empfinden ausgelöscht ist, gibt es auch die anderen Personen nicht mehr.

>*Wohin gehst du?*<

Ich, er, du usw. werden nur als das Selbst aufgelöst. Wenn das nicht der Fall ist, geht die Ergründung weiter.

>*Wie ist es?*<

Es ist wie das Kochen von Skirlie.

>Wie fühlt es sich an, sieht es aus, hört es sich an, schmeckt es usw.?<

Wie beim Kochen von Skirlie nur das Gefühl, der Anblick, das Geräusch, der Geschmack von Skirlie für Skirlie richtig ist, so ist es auch mit dem Gefühl, Anblick, Geräusch, Geschmack usw. von „ihm".

>Bitte beschreibe die genaue Abfolge der Ereignisse, deiner Gefühle, Gedanken usw., die du erfährst, nachdem du die Frage über dein/das Ich gestellt hast.<

Wenn die Ergründung richtig ausgeführt wird, gibt es keine Folge von Gedanken außer die Wiederholung der Ergründung, denn sobald ein Gedanke oder ein Gefühl auftaucht, stelle ich mir die Frage: „Wem kommt dieser Gedanke, dieses Gefühl?" und mähe es nieder. Der Inhalt der Gedanken oder die Art der Gefühle usw. ist dabei unwesentlich. Wichtig ist die beständige Erinnerung an die Ergründung „meiner" Gedanken.

4.2.2004 Das Gewahrsein, das das Gewahrsein beobachtet (awareness watching awareness)

>Hallo. Ich bin der Gruppe beigetreten, weil ich glaube, dass der beste Weg, um bei der Übung von Atma Vichara voranzukommen, darin besteht, wenn wir unsere Vorstellungen und Erfahrungen teilen. Ich glaube, dass die Mitglieder dieser Gruppe sich darüber im Klaren sind, dass sogar zu Lebzeiten Ramanas die Übung selbst von denen, die im Ashram lebten, nicht klar verstanden wurde. Deshalb gibt es viele verschiedene Sichtweisen darüber, worin diese Übung besteht. Ich möchte nun keine Debatte darüber entfachen, aber ich bitte die Mitglieder dieser Gruppe, mir zu helfen.

Da gibt es zum einen jene, die sagen, dass Atma Vichara „Gewahrsein, das das Gewahrsein beobachtet" (awareness watching awareness) sei. Andere dagegen behaupten, dass man seine Aufmerksamkeit auf den Beobachter richten soll.

Humphreys, der Ramana sehr nahe stand, berichtet, Ramana habe ihn angewiesen, seine Aufmerksamkeit auf den Beobachter zu richten. Das waren Humphreys genaue Worte.

Ich frage die Mitglieder dieses Sangham, welche, ihrer Erfahrung nach, die effektivere Technik ist. Ich glaube, jene, die Vichara üben, sollten ihre Vorstellungen und Erfahrungen regelmäßig mit anderen teilen. Zudem wüsste ich gern, was Sadhu Om, ein verwirklichter Schüler Ramanas, in seinem Buch „The Path of Ramana" mit „self attention" meinte.

Ich übe Vichara seit über vier Jahren. Es hat mir dabei geholfen, gut mit meinen täglichen Problemen und Versuchungen umzugehen, aber ich brauche in meinem spirituellen Leben einen Auftrieb, um wirklich glücklich zu sein. Deshalb helft mir bitte, meine Technik des Vichara zu verbessern. Ihr könnt mir auch persönlich schreiben. Ich würde gern hören, was eurer Meinung nach Vichara ist!<

>Ich frage die Mitglieder dieses Sangham, welche, ihrer Erfahrung nach, die effektivere Technik ist.<

Folgendes ist für mich die effektivste Technik des Vichara. Sie wurde eine beständige Begleiterin.

Aus „Wer bin ich?":

„10. Wie wird der Geist still?

Durch die Ergründung ‚Wer bin ich?' Der Gedanke ‚Wer bin ich?' vernichtet alle anderen Gedanken und wird wie der Stecken, mit dem man den Scheiterhaufen umrührt, schließlich selbst vernichtet. Dann kommt die Selbstverwirklichung zum Vorschein.

11. Wie kann man beständig den Gedanken ‚Wer bin ich?' aufrecht halten?

Wenn andere Gedanken auftauchen, sollte man sie nicht verfolgen, sondern sich fragen: ‚Wem kommen sie?' Es spielt dabei keine Rolle, wie viele Gedanken auftauchen. Sowie ein

Gedanke auftaucht, sollte man eifrig fragen: ‚Wem kommt dieser Gedanke?' Die Antwort lautet: ‚Mir. Wenn man fragt: ‚Wer bin ich?', kehrt der Geist zu seiner Quelle zurück, und der Gedanke, der aufgetaucht ist, verblasst. Wenn man das wiederholt auf diese Weise übt, erlangt der Geist die Fähigkeit, in seiner Quelle zu bleiben.

Wenn der subtile Geist sich durch das Gehirn und die Sinnesorgane nach außen wendet, treten die grobstofflichen Namen und Formen in Erscheinung. Bleibt er im Herzen, verschwinden sie. Lässt man den Geist nicht nach außen gehen, sondern hält ihn im Herzen zurück, nennt man das ‚nach innen gerichtet sein' (antar-mukha). Lässt man ihn aus dem Herzen, spricht man von ‚nach außen gerichtet sein' (bahir-mukha). Wenn der Geist im Herzen bleibt, verschwindet das ‚Ich', das die Quelle aller Gedanken ist, und das Selbst, das immer existiert, erstrahlt. Was immer man auch tut, sollte man ohne das persönliche ‚Ich' tun. Wenn man so handelt, erscheint alles als das Wesen Shivas (Gottes)."

In „Moments Remembered" (S. 5) berichtet Sri Sadhu Natananda, der Verfasser von „Spiritual Instruction", der für lange Zeit in der Nähe des Ashrams wohnte: „Einmal fragte ich Bhagavan über die richtige Methode für Atma Vichara und er antwortete: ‚1. Man sollte sich immer und in allen Situationen unermüdlich an sein wahres Wesen erinnern (Ich BIN). 2. Wenn man sich daran erinnert, während man seinen Verpflichtungen in der Welt nachkommt, wird man sie ohne die geringste Anhaftung an das Handeln oder seine Auswirkungen erfüllen. Wenn diese Haltung gestärkt wird, weiß der Übende, dass er Fortschritte in seinem sadhana macht. 3. Alle sollten sich in dieser Haltung üben.'"

Sri M.G. Shanmugam berichtet, wiederum aus „Moments Remembered" (S. 77): „Er (Bhagavan) sagte einmal: ‚Um Atma Vichara zu üben, ist jeder Tag geeignet und jeder Augenblick gut. Man muss sich an keine Disziplin halten. Es kann immer und überall getan werden, auch ohne dass die anderen es bemerken. Alle anderen spirituellen Übungen benötigen äußere Objekte und eine passende Umgebung, aber für Atma Vichara ist nichts außer einem selbst nötig. Man muss nur den Geist nach innen richten. Während man mit Atma Vichara beschäftigt ist, kann man sich mit Leichtigkeit auch um andere Tätigkeiten kümmern. ... Man sollte die Aufmerksamkeit auf die erste Person und auf das Herz innen richten und beständig „Wer bin ich?" üben. Wenn man das gezielt übt, verebbt der Atem von selbst. Während einer solchen kontrollierenden Übung kann sich der Geist plötzlich erheben. Dann musst du aufmerksam die Ergründung „Wer bin ich?" fortsetzen."'

>*Da gibt es zum einen jene, die sagen, dass Atma Vichara „Gewahrsein, das das Gewahrsein beobachtet" (awareness watching awareness) sei. Andere dagegen behaupten, dass man seine Aufmerksamkeit auf den Beobachter richten soll. Humphreys, der Ramana sehr nahe stand, berichtet, Ramana habe ihn angewiesen, seine Aufmerksamkeit auf den Beobachter zu richten. Das waren Humphreys genaue Worte.*<

Es besteht überhaupt keine Notwendigkeit, das Selbst zu ergründen. Das Selbst ist immer gewahr. Aber man muss unbedingt das Ego-Selbst ergründen. Der Beobachter ist tatsächlich der Emporkömmling, der Aufmerksamkeit benötigt. Bhagavan macht sehr deutlich, dass in der Ergründung mit dem „Ich" das Ego gemeint ist. Solange jemand behauptet, er sei gewahr, bleibt die Frage bestehen.

Aus Talk 628: „Frau D. sagte, es gäbe Unterbrechungen in ihrem Gewahrsein. Sie wollte wissen, wie man das Gewahrsein beständig machen könne.

M.: ‚Unterbrechungen entstehen durch Gedanken. Du kannst solche Unterbrechungen nur gedanklich feststellen. Es ist nur ein Gedanke. Halte an deiner Übung fest, frage: „Wem kommen die Gedanken?" und übe so lange, bis es keine

Unterbrechungen mehr gibt. Nur Übung bewirkt ein beständiges Gewahrsein."'

Gewahrsein, das das Gewahrsein beobachtet (awareness watching awareness) ist das „Ich-BIN"- Gewahrsein. Das ist eine Reflexion des Gewahrseins im Bewusstsein, auch bekannt als das beobachtende Bewusstsein. „Ich BIN" oder „Ich-Ich" (aham aham) befindet sich an der Schwelle und ist der Ausdruck des reinen Geistes, der nur aus dem ursprünglichen Gedanken besteht. Wenn sich der Geist nach außen richtet, erklären die kArakas* die Welt. Wenn der Geist sich nach innen wendet, strauchelt er an der Schwelle. Selbst das Ich BIN kann die Schwelle nicht überschreiten und fällt weg. Das sphurana im Herzen ist der Ausdruck dieses „Ich BIN"-Gewahrseins, das sich auf der Schwelle befindet.

* kArakas: die Handelnden, die Rollen, die der Handlung angehören, die Schöpfer von Beziehungen wie den Geber und Empfänger usw.

>*Ich danke dir für deine Mühe, mir zu einem richtigen Verständnis von Vichara zu verhelfen. Ich habe einige Bücher über Ramana und seine Lehre gelesen. Sie waren für meine Suche nach der Wahrheit sehr wertvoll. Trotzdem brauche ich die Führung eines Meisters, der mir sagen kann, ob ich Vichara richtig übe.*

Ich sehe in deinem Schreiben, dass du jemand bist, der am eigenen Leib erfahren hat, was er sagt. Deshalb wäre ich dir dankbar, wenn du mir sagen würdest, ob ich richtig übe. Ich versuche, meine Aufmerksamkeit auf das zu richten, was beobachtet. Wenn mich ein Gedankenstrom fortschwemmt, frage ich: „Wer hat diese Gedanken?" usw. Ich ignoriere die schwachen Gedanken und versuche, den Beobachter zu beobachten. Ist das die richtige Methode? Oder soll ich jeden Gedanken mit der Frage-Methode ausschalten? Welche Methode ist besser, oder kann man beide Methoden je nach Stimmungslage anwenden? Du sagst ja, dass man sich an das *halten soll, was beobachtet, da dies das Ego-Selbst sei, das die ganze Aufmerksamkeit benötigt.<*

Der eigentliche Zweck der Selbstergründung besteht darin, den gesamten Geist auf seine eigene Quelle zu richten. Wenn immer man von Gedanken (seien sie schwach oder auch nicht) abgelenkt wird, soll man fragen: „Wem kommt dieser Gedanke?" Die Antwort lautet: „Mir", die dann mit der Frage „Wer bin ich?" aufgelöst wird. Das ist keine Frage für den Verstand. Es gibt darauf keine Antwort. Jede Antwort, die der Verstand geben mag, führt zur Frage zurück: „Wem kommt dieser Gedanke?" Der Frager selbst ist die Antwort. Darin besteht die Aufmerksamkeit, die auf die Quelle gerichtet ist. Es geht deshalb nicht darum, dass ein „Ich" ein anderes „Ich" sucht, noch dass ein „Ich" ein anderes „Ich" beobachtet. Das „Ich", das sucht, ist das „Ich", das gesucht wird, und beide sind der ursprüngliche „Ich"-Gedanke. Dieser „Ich"-Gedanke löst sich wiederum im Prozess der Selbstergründung auf, wie die sprichwörtliche Salzpuppe im Meer, wenn er festgehalten wird. Im Selbst gibt es keinen Geist, keinen „Ich"-Gedanken und erst recht keine anderen Gedanken.

Atma Vichara bringt uns nach Hause zum Ziel, wo dieses ursprüngliche „Ich" vom Atman aufgehoben wird. Es erstrahlt „wie es ist", ohne upAdhis (begrenzende Beigaben). Alles Leiden hängt von der Unkenntnis der einen grundlegenden Tatsache ab, dass „es in Wirklichkeit keine zwei Selbste gibt, sondern nur das Verweilen im Selbst". „Der Gedanke ‚ich' und ‚mein', der fälschlicherweise dem Körper und den Sinnen zugeordnet wird, die nicht das wahre Selbst sind, muss vom Weisen beseitigt werden, indem er das wahre Selbst bleibt." (Vivekacudamani)

Wenn man das missversteht, missversteht man alles. Dann tauchen das eigene Ich und die anderen unerbittlich aus unserem eigenen Bewusstsein auf. Um zu wiederholen: Die Frage untergräbt den Verstand und lässt den Sucher auf-eins-gerichtet zum Herzen zurückkehren. Das ist das Verweilen im Selbst. Hier kommt die Antwort ohne Worte, wie ein unaufhaltsamer Sog, eine Beschleunigung. Das ist die offenkundige Antwort, die keine Frage offenlässt (d.h., die Frage „Wem kommt dieser Gedanke?" kann nicht gestellt werden.) Diese Anziehungskraft vom Herzen steht nicht unter der Kontrolle des Geistes. Der Geist kann sich nur von allen Gedanken, außer der Frage „Wer bin ich?", entleeren und, wenn nötig, die Frage stellen: „Wem kommen diese Gedanken?", damit er für die Anziehungskraft offenbleibt.

Das Selbst benötigt keine Ergründung. Alles, was nötig ist, ist ein Entleeren von den wolkenartigen Gedankenprozessen, die mit dem „Ich"-Gedanken beginnen. Die Sinne können nur wahrnehmen, wenn sie vom Licht, das sie vom Selbst, das im Herzen wohnt, erhalten, erhellt werden. Die große Entsagung (tapas), die zu einer bestimmten Zeit als eine Bußübung betrachtet werden kann, die man nur durch große Anstrengung aufrecht erhält, ist in Wirklichkeit die mühelose Rückkehr zum ewigen Feuer des Atman im Herzen.

Der „Ich"-Gedanke hat alles Mögliche im Gefolge: Selbstsucht, Gott, AUM, Welt, gut, schlecht, Geburt, Tod usw. und jedes Urteil, das man sich ausdenken kann. Schöpfung in all ihrer Herrlichkeit! Wenn man den einfachen Prozess der Selbstergründung, wie oben beschrieben, regelmäßig und mit aller Intensität in den wachen Stunden am Tag anwendet, kehrt sich der nach außen gerichtete Zug der Gedanken um, und die konzentrierte Aufmerksamkeit wird auf den Schöpfer des Denkens gerichtet und auf die Erkenntnis, dass das „Ich" selbst der erste Gedanke ist – ahamkara – ohne Attribute. Wenn man auf dieser Schwelle steht, ist das das Verweilen im Selbst. Es spielt dabei kaum eine Rolle, dass während des Tages das „Ich" in den Gedankenprozess eingebracht werden muss, solange der Geist geschult ist, bei der ersten Gelegenheit zur Ergründung zurückzukehren.

Denke an irgendeine Antwort oder Erfahrung, die der Geist für sich beanspruchen kann, wie etwa „Ich beobachte" oder „Ich bin glücklich" – die Frage bleibt bestehen. Der Zweck der Ergründung ist, das Denken zu unterbrechen, damit dieses „Ich"-sein oder Sein allein gegenwärtig ist. Das ist alles, was man tun kann. An diesem Punkt wird das „Ich" zu gegebener Zeit ins Selbst sinken. „Ich bin" ist der Anfang und das Ende von samsara. Doch selbst „Ich bin" ist nicht die endgültige Antwort.

7.2.2004 Angst

>*Mein Problem besteht immer noch darin, dass wenn ich für einige Zeit Selbstergründung übe, sich eine unsagbare Angst einstellt und mich wieder aus der Übung herausdrängt. Dann höre ich mit der Übung auf, bis der nächste Impuls kommt, sie wieder aufzunehmen. Ich kann Atma Vichara nicht vergessen, da sie die Essenz von Bhagavans Lehre ist, der meinem Herzen sehr nahe steht. Auch spüre ich, und das ist seltsam, dass bhakti nach Vichara verlangt. Ohne Vichara gibt es kein wirkliches bhakti. Also versuche ich es immer wieder – doch manchmal sieht es so aus, als seien alle Versuche zwecklos.*<

Das Empfinden von Angst ist nicht ungewöhnlich, wenn man Ergründung übt. Tatsächlich ist es unausweichlich. Die Selbstergründung bringt die latenten Neigungen zum Vorschein, damit sie kurzerhand abgefertigt werden können. Diese Angst ist die ursprüngliche Angst des Egos. Selbsterhalt ist ein machtvolles vasana, das das Ego missversteht, wenn es im Vichara damit konfrontiert wird. Es gerät in Panik. Wenn sich Angst einstellt, sollte man sie am besten sofort mit der Frage „Wer hat Angst?" kappen. Das ist der Prozess der Ergründung. Das ist natürlich leichter gesagt als getan. Das größte Hindernis für die Ergründung ist, wenn man der Todesangst gegenübersteht und sie überwinden muss. Erinnere dich an Ramanas Erfahrung. Aber wenn man durch sie hindurchgehen kann …

Aber ... Angst ist auch ein machtvolles und positives Zeichen von bhakti. Die Vorstellung, dass „Ich" die Gegenwart meines Herrn (oder die Ergründung des Selbst) nur eine Minute lang vergessen könnte, verursacht große Angst. Aber bedenke: Mit dem Vergessen des Selbst kommt die Seligkeit der Erinnerung. Wenn man einen Bund mit Hingabe und Angst eingehen kann, dann wird die Angst in eine Sehnsucht verwandelt. Wenn immer Angst eintritt, erinnert man sich, und in dieser Erinnerung ist es hilfreich, wenn du eine Weile lang japa deines Mantras übst. Wenn immer sich Angst einstellt, übe japa. Dann, wenn es soweit ist, bietet das Gefühl großer Angst das ideale Mittel, dass Atma Vichara sich einschaltet. Wenn Atma Vichara sich einschaltet, dann beginnt die wahre Hingabe. Das ist bhakti.

24.2.2004 Nichts tun

>In dieser Gruppe gibt es viele Menschen, die sagen, dass man nichts tun soll, um sich aus der Bindung des Egos zu befreien. Man sollte in einem Zustand des Seins sein usw. Ich stimme dem zu, dass das ganze Unheil in der Welt daher kommt, dass die Menschen versuchen, dies und jenes zu tun. Doch solange das Ego da ist, wird der Mensch weiterhin handeln. Er kann nicht anders. Ich denke, Ramana war in diesem Punkt ganz klar. Er sagte, dass wir uns bemühen müssen. Papaji, der Verwirklichung erlangt hat, sagte, man solle einfach die Vorstellung aufgeben, gebunden zu sein. Ich denke, dass das leichter gesagt als getan ist. Es stimmt zwar, dass derjenige, der sich bemüht, das Problem ist, aber er/sie kann sich nicht fortwünschen.

Atma Vichara ist eine Erforschung des „Ichs", dessen, der sich bemüht. Ich glaube, wenn man auf die vorgeschriebene Weise vorgeht, wird man irgendwann das Wesen des Egos erkennen, und es wird einfach abfallen. Wenn man damit aufhört, sich mit dem begrenzten Selbst oder dem Bild, das wir von uns haben, zu identifizieren, dann herrscht völlige

Freiheit von Angst und Sorge oder was auch immer. Andernfalls müssen wir nur zu einem guten Hypnotiseur gehen, um vom „Ich"-Empfinden frei zu werden.

Wir wollen uns selbst nicht zum Narren halten, indem wir glauben, die Verwirklichung sei so leicht. Man kann natürlich eine Weile lang still dasitzen, ohne sich zu bemühen, etwas zu tun. Das mag eine Zeit lang funktionieren, aber dann wird der Geist wieder vom Tun in Anspruch genommen. Dein Chef ruft dich an und sagt dir, du musst einen Bericht für das Treffen am kommenden Tag verfassen, und dein Geist rennt wieder im Kreis herum.<

Diese Vorstellung [nichts zu tun] ist vorwiegend tamasischer Art (tAmasika) und ist unter den Neo-Advaitins sehr verbreitet. Wenn sie in dieser Gruppe jemals erwähnt wurde, dann wurde ihr auch widersprochen, indem gesagt wurde, dass intensive Anstrengung notwendig ist, um die „Bindungen" zu lösen.

Es gibt drei Arten von Lehrern, die unter dem Einfluss der drei gunas (Verfassungen des Geistes) entsprechend lehren – sattva (Reinheit), rajas (Leidenschaft) und tamas (Lethargie). Wenn sattvische Neigungen vorherrschen, dominiert die Lehre von der intensiven Selbstergründung zusammen mit bhakti, die zur Selbstergründung führt. Wenn rajastische Neigungen vorherrschen, werden die verschiedenen Arten von Yoga wie Hatha, Raja, Tantra, rituelle Verehrung usw. gelehrt. Wo tamasische Neigungen vorherrschen, dominiert Lethargie, die zum Nihilismus führt. Unglücklicherweise wird die einfache Aufforderung „hrdi nama" (Sei still im Herzen) von einigen so verstanden, dass man nichts tun kann/soll. Das macht eine sattvische Aufforderung zu einer tamasischen. Durch sattva werden die beiden anderen Neigungen überwunden. Von den dreien muss die tamasische Neigung vermieden werden. Denk daran:, „Sei still!" ist ein Anstoß zum Handeln.

Intensives Vichara ist notwendig. Man muss so lange dieses Individuum hinterfragen, als das Empfinden, etwas zu tun, da ist. Das führt dazu, den suchenden Aspekt des Egos zu hinterfragen, aber genauso die täglichen Aspekte von Urteilen, still sein usw. Die Aufgabe besteht darin, die Suche zunehmend aufmerksamer zu verfolgen. Die Aufmerksamkeit hängt von der Intensität der Ergründung ab.

Vichara sollte inmitten der Arbeit intensiv werden. Tatsächlich sind die Arbeit und die Prüfungen, die das Arbeitsleben mit sich bringt, eine hervorragende Nahrung für Vichara.

30.3.2004

>*Ramana und andere wurden oft danach gefragt [ob man das Leben in der Familie weiterführen könne] und antworteten, dass das Leben als Familienvater/Familienmutter nicht verändert werden sollte, aber sie selbst lebten nicht so.*<

Man muss im Gedächtnis behalten, dass Sri Ramana sein Zuhause erst nach der „Verwirklichung" verließ und nicht, um Verwirklichung zu erlangen. Er hat in jungen Jahren inmitten von Heim und Familie verwirklicht. Später kam natürlich noch eine größere Familie hinzu und versammelte sich um ihn.

18.7.2004 Absolventen bei AHAM

>*Das stammt von der folgenden Webseite: http://www.a-ham.com/enlightenment/index.html (7/2004); (die Seite besteht nicht mehr)*

„Soweit uns bekannt ist, ist AHAM die einzige Organisation oder Gruppe weltweit, die formelle Einweisung in diesen machtvollen, aber einfachen Prozess anbietet, den Bhagavan Sri Ramana Maharshi in die Welt gebracht hat. Während deines Trainings erhältst du persönliche Führung von einem qualifizierten Buddy, der ein fortgeschrittener Absolvent ist."

Gibt es hier irgendwelche Absolventen? Ich habe gehört, dass Sri V. Ganesan AHAM empfiehlt. Kann das jemand bestätigen?<

Die Selbstergründung ist sehr einfach. Man muss keine unnötigen Arrangements für die Übung treffen. Sie ist für alle frei zugänglich und besitzt kein Copyright.

Wie du bestimmt weißt, gibt es den sehr hilfreichen Ramanashram in Südindien, wo reichlich Informationen in Form von Büchern, Filmen und natürlich vom „The Mountain Path"-Magazin erhältlich sind. Diese eine Institution ist schon zu viel. Wozu sollte man noch eine weitere Institution aufbauen? Und wozu eine hierarchische Institution mit Abschlüssen und fortgeschrittenen Abschlüssen? Worin besteht dafür die Veranlassung? Wer weiß? Es erinnert an die verschiedenen Lebensmanagement-Schulen, die auf dem selbstkreierten Markt um Kunden werben. Diese Art der „Ergründung" kann nur das Ego stärken, da es mit Sehnsucht auf den Tag wartet, an dem es auch ein „Buddy" wird und denen helfen kann, die nicht so gut dran sind wie sie.

Was Ganesans „Empfehlung" betrifft, so erinnere ich mich an seine sehr nützliche Antwort, die ich in den frühen 80ern von ihm erhalten habe. Ich hatte ihn gefragt, wie Bhagavan wohl auf westliche spirituelle Organisationen im indischen Stil mit ihren verschiedenen Ansichten reagieren würde. Er antwortete: „Sie beweisen nur, dass der Hunger der Menschheit nach spirituellen Werten alles verdauen kann, sogar Kieselsteine! Du willst wissen, wie Bhagavan darüber gedacht hat. Er hat weder eine solche Bewegung gegründet noch hat er sich in sie eingemischt."

8.12.2004

Vichara ist die intensivste Aktivität des gesamten Geistes, um sich in reinem Selbstgewahrsein bereit zu halten.

5.7.2005 Eine Frage über die Selbstergründung

>*Ich bin neu in dieser Gruppe und ein Devotee von Sri Ramana. Es gibt einen praktischen Punkt in seiner Lehre, der mir immer noch nicht klar ist. Manchmal sagt er, dass Atma Vichara für jene gedacht ist, die vorbereitet sind – für die „reifen Seelen" – dann wieder sagt er, dass Atma Vichara für jeden gedacht ist, der sich von dieser Übung angezogen fühlt.*

Ich persönlich fühle mich zur Selbstergründung sehr hingezogen. Ich versuche, es zu üben, aber ich bin sicher keine „reife" Seele. Deshalb lautet meine Frage: Soll ich mit Atma Vichara weitermachen oder zuerst „einleitende" Übungen machen (wie Meditation über meinen Atem, neti-neti, „Ich bin Er" usw.) Kennt jemand ein Zitat von Maharshi, das diese Frage klärt?<

Hier sind einige Zitate über die „Reife":

„Kann jeder dem Weg der Ergründung folgen? Er ist nur für reife Seelen geeignet. Die anderen sollten verschiedenen Methoden folgen, je nach ihrem Geisteszustand." (Spiritual Instruction)

„Der Guru wird mit dem Schüler dessen eigenen Weg gehen und ihn allmählich und im richtigen Moment zum höchsten Pfad hinwenden. Nimm einmal an, ein Wagen fährt mit Höchstgeschwindigkeit. Wenn man ihn sofort anhalten oder wenden würde, hätte das katastrophale Folgen." (Mudaliar: Tagebuch, 22.11.1945 Nachmittag)

F.: „Kann Gnade die Reife des Suchers nicht beschleunigen?"

M.: „Überlass das alles dem Meister. Übergib dich ihm ohne Vorbehalt. Eines von zwei Dingen muss getan werden: Entweder du gibst dich hin, weil du um dein Unvermögen weißt und eine höhere Kraft brauchst, die dir hilft, oder du ergründest die Ursache deines Leids, gehst in die Quelle ein und verschmilzt mit dem Selbst. In jedem Fall wirst du vom Leid befreit sein. Gott oder der Guru lassen den Devotee, der sich hingegeben hat, nie im Stich." (Maharshi's Gospel, S. 36)

Schüler: „Obwohl ich deinen ausführlichen Erklärungen über die Merkmale der Ergründung zugehört habe, kann ich nicht den geringsten Geistesfrieden finden. Warum ist das so?"

Meister: „Der Grund ist, dass es dem Geist an der Stärke oder am Auf-eins-gerichtet-sein fehlt."

Schüler: „Warum fehlt es an Geistesstärke?"

Meister: „Die Mittel, die zur Ergründung befähigen, sind Meditation, Yoga usw. Man sollte dadurch mit zunehmender Übung fähig werden und sich geistige Methoden aneignen, die natürlich und hilfreich sind. Wenn der Geist auf diese Weise reif geworden ist und von der Ergründung hört, wird er sofort sein wahres Wesen, das das Selbst ist, erkennen und in vollkommenem Frieden bleiben, ohne noch von diesem Zustand abzuweichen. Für einen Geist, der noch nicht reif ist, sind sofortige Verwirklichung und Friede schwer zu erreichen, wenn er von der Ergründung hört. Doch wenn man einige Zeit lang diese Übungen der Geisteskontrolle praktiziert, kann sich schließlich Geistesfriede einstellen." (Self Enquiry, 19 und 20)

23.8.2007 Warum spielt es eine Rolle?

>*Auf dem Weg des Atma Vichara (oder jedem anderen Weg) gibt es einen Wechsel oder eine Bewegung von Dvaita zu Advaita, von ajnana zu jnana, von der Dunkelheit zum Licht usw. Dieser Wechsel muss sich irgendwo ereignen. In meinem Verständnis ist alles, was sich verändert, nicht wirklich, denn durch die Veränderung muss es einen Ausgangspunkt haben und deshalb auch ein Ende, weshalb es nicht ewig, d.h. nicht wirklich sein kann.*

Meine Frage lautet nun: Wenn der ganze Weg nicht wirklich ist, warum spielt es dann eine Rolle, ob ich mich anstrenge, *um ein bestimmtes sadhana (spirituelle Übung) auszuführen, oder nicht, wenn es im Grunde doch bedeutungslos ist, da es sich im Bereich von maya befindet? Ich habe das Gefühl, dass es eine Rolle spielt, ob man übt oder nicht, aber ich weiß nicht, warum. Ich wäre froh, wenn mir jemand helfen könnte.<*

Es spielt keine Rolle.

Atma Vichara ist Dvaita (Zweiheit). Es ist eine Bewegung in ajnana (der Unwissenheit). Weder Advaita (Nicht-Zweiheit) noch jnana (Erkenntnis) bewegen sich. Das Ego mag durch sadhana herausgefordert werden. Das Selbst hat dafür keinen Gebrauch. Das ist das Paradox.

Die Vorstellung einer Bewegung von der Dunkelheit zum Licht ist einfach ein Spiel des Geistes. Wenn die Behinderung verschwindet, nimmt es die Schatten mit sich. Das Strahlen des Lichts war schon immer davon unberührt.

Für Vichara ist kein anderes sadhana (spirituelle Disziplin) nötig als die Übung der Erinnerung. Da diese Übung innerlich ist, gibt es in Wirklichkeit keine Übung an sich.

„Die Wirklichkeit ist einfach der Verlust des Egos. Vernichte das Ego, indem du seine Identität suchst. Da das Ego keine selbständige Wesenheit ist, wird es automatisch verschwinden, und die Wirklichkeit wird von selbst aufleuchten. Dies ist die direkte Methode. Bei allen anderen Methoden behält man das Ego zurück. Dabei tauchen viele Zweifel auf, wobei die eigentliche Frage am Ende doch noch angegangen werden muss. Aber bei dieser Methode ist die eigentliche Frage die einzige, und sie wird von Anfang an gestellt. Man muss sich keinen spirituellen Übungen (sadhanas) widmen, um sich mit dieser Frage zu befassen." (aus Talk 146)

„Sadhana ist nur nötig, um von der körperlichen Illusion und von anderen Illusionen frei zu werden, die verhindern, dass das Selbst sich als Selbst erhebt. Diese falschen Vorstellungen tauchen nur deshalb auf, weil wir denken, dass diese körperliche Welt wirklich ist, anstatt dass wir auf das Selbst schauen, das wirklich ist. Sadhana hat den einzigen Zweck, von dieser Illusion frei zu werden. Das Selbst braucht kein sadhana, um sein eigenes Selbst zu erlangen. Wer sein eigenes Selbst erkannt hat, sieht nichts anderes mehr." (Nagamma: Briefe, 23. August 1946)

18.9.2007

>*Es kommt immer zu vielen Missverständnissen, wenn darüber gesprochen wird, wie Vichara zu üben sei. Ich versuche, auf mein Gewahrsein zu achten oder auf mein Gespür für das Selbst oder Sein oder die Lebendigkeit. Ist das richtig?*<

Es kann sein, dass die Verwirrung dadurch verursacht wird, weil „ich" nie gescheit genug bin, um über Vichara (die Selbstergründung) Theorien aufzustellen. Es ist auf jeden Fall so, dass ich mich verstricke, wenn ich über solche Dinge schreibe. Ich lege das Ganze öffentlich dar, trete zurück, um es zu bewundern, und unweigerlich bleibt das „Ich", das Subjekt der Ergründung, unbeachtet.

Das „Ich", das das versucht, ist das „Ich", das das Subjekt der Ergründung ist. Was immer dieses „Ich" versucht zu tun, ist Gedankenkram.

Unser scheinbares Gewahrsein ist nur eine Reflexion des wahren, nicht-scheinbaren Gewahrseins. Wenn man am Rand eines Berges steht und unerwartet von einem unglaublichen, atemberaubenden Schauspiel natürlicher Schönheit getroffen wird, ist das reines Gewahrsein. In diesem unmittelbaren Augenblick gibt es kein störendes Ego. Dasselbe kann für andere plötzliche und unerwartete Situationen wie Entsetzen, Angst, Überraschung usw. zutreffen, die einen, entblößt vom Ego, überwältigen, und sei es nur für einen Augenblick.

Dann taucht das Ego plötzlich auf und beschreibt, erinnert sich und katalogisiert, und der Augenblick ist verloren.

Gleichgültig, wie oft man sich diesen Augenblick wieder ins Gedächtnis ruft, es ist nur eine reflektierte Erinnerung.

Die Ergründung (Vichara) ist eine Ergründung des Egos. Es ist keine Ergründung des Selbst. Es ist keine Ergründung des Gewahrseins. Es ist eine Ergründung des Diebs, der das Gewahrsein gestohlen hat. Es ist eine Ergründung des unbewussten Werkzeugs, das, obwohl es ohne die Unterstützung des Unsichtbaren nicht arbeiten kann, glaubt, dass es das Selbst ist.

20.9.2007

>*Danke für deine Antwort. Ich weiß nicht ob du „The Path of Ramana" von Sadhu Om gelesen hast. Er sagt, dass der Weg, Vichara zu üben, im „Ich"-Empfinden gründet. In uns ist ein Gewahrsein, dessen wir uns alle bewusst sind, unabhängig von unseren Gedanken und Gefühlen. Wir wissen, dass wir bewusst sind. Also beobachte ich mein Bewusstsein. Ramana-Devotees haben mir gesagt, dass das der richtige Weg sei. Deshalb gibt es viel Verwirrung über dieses Thema, und es fehlt an richtigem Verständnis dessen, was Vichara ausmacht.*

Das erste Buch, das ich vor etwa zehn Jahren über Ramana gelesen habe, war von Arthur Osborne. Ich glaube, er empfahl die verbale Fragemethode. Wenn es eine Frage ist, muss sie verbal gestellt werden, oder man muss sein Bewusstsein aufmerksam beobachten. Deshalb sind deine Kommentare willkommen, und ich hoffe, ich erhalte einige zusätzliche Meinungen über das Thema, da ich denke, dass das zu jedermanns Zufriedenheit geklärt werden muss.<

Das „Ich"-Gefühl/-Empfinden ist ganz einfach die Wurzel des Egos.

Aus „Tagebuch der Gespräche mit Ramana Maharshi", Eintrag vom 31.5.1946: „Solange das „Ich"-Gefühl da ist, muss es dafür einen Ursprung geben."

Wenn man sich an diesen Wurzelgedanken hält, werden die anderen Gedanken in Schach gehalten. Das wichtigste Mittel ist die Ergründung, wenn der Geist sich treiben lässt und störenden Gedanken erlaubt, sich zu erheben. Das ist der Zweck der Ergründungsmethode „Wer bin ich?" Wenn der Geist sich in den Gedankenstrom treiben lässt, bekommt er durch die Ergründung einen Schubs zurück. Wenn der Geist still ist, muss man die Frage nicht stellen. Man wartet einfach. Das Ego kann aus eigener Kraft nicht weitergehen.

Aus Lakshmana Sarmas „Maha Yoga": „Wenn das Gefühl, der Körper zu sein, entsteht, dann entstehen auch die anderen Personen (du und er). Aber wenn durch die Frage nach der Wahrheit, die dem ‚Ich' zugrunde liegt, dem ‚Ich'-Empfinden ein Ende bereitet wird, dann hören auch die Gedanken ‚du' und ‚er' auf. Was dann als das Einzige übrig bleibt, erstrahlt als das wahre Selbst." (Maha Yoga, S. 69)

Das „Ich"-Empfinden ist ein Dieb. Der ganze Zweck der Ergründung ist, diesen Dieb daran zu hindern, sich einfach so herauszuwagen und die „Erfahrungen" zu stehlen.

Aus „Maha Yoga": „Das Ego besitzt ein Element der Wirklichkeit, das mit ihm vermischt ist, nämlich das Licht des Bewusstseins, das sich als ‚Ich bin' manifestiert. Dieses ‚Ich bin', das wir kennen, ist wirklich, da es der Teil ist, der beständig ist und sich nicht verändert. Wir müssen den unwirklichen Teil zurückweisen, die Hüllen oder Körper, und das, was übrig bleibt, das reine ‚Ich bin', nehmen.

Dieses ‚Ich bin' ist der Schlüssel, um das wahre Selbst zu finden. Wenn man an diesem Schlüssel festhält, können wir bestimmt das Selbst finden, sagt uns der Weise. Er verglich einmal den Sucher nach dem Selbst mit einem Hund, der sein Herrchen sucht, von dem er getrennt wurde. Der Hund hat etwas, was ihn führt, nämlich den Geruch seines Herrchens. Indem er dem Geruch folgt und alles andere beiseitelässt, findet er ihn schließlich. Das ‚Ich bin' im subjektiven Ich-

Empfinden ist wie der Geruch des Herrchens für den Hund. Es ist der einzige Schlüssel, den der Sucher hat, um das Selbst zu finden, aber er ist unfehlbar. Er muss ihn bekommen und festhalten, seinen Geist auf ihn richten, unter Ausschluss von allem anderen. Dann wird er seinen Geist sicher zum Selbst, der Quelle des ‚Ich bin' führen." (dto., S. 142)

Auf S. 146 fährt K. Lakshmana Sarma fort: „Die Suche nach dem wahren Selbst sammelt alle Energien des Körpers und Geistes, indem sie alle fremden Gedanken vertreibt und dann sämtliche Energien in einen Strom zusammenführt, nämlich den Entschluss, die Antwort auf die Frage ‚Wer bin ich?' zu finden. Die Frage kann auch lauten: ‚Woher komme ich?' ‚Wer bin ich?' bedeutet: ‚Worin besteht meine Wahrheit?'. ‚Woher komme ich?' bedeutet: ‚Was ist die Quelle des ‚Ich'-Gefühls im Ego?'"

Lakshmana Sarma wurde jahrelang vom Maharshi angeleitet. So muss diese Erklärung auch etwas zählen.

21.9.2007

Es ist der Gegensatz zur Truppe, die wiederholt: „Alles ist bestens. Lass uns alles in einen Topf werfen und sehen, was dabei herauskommt." Einer, der alle Optionen haben möchte und sie zu einem egoistischen, klebrigen Shake zusammenmischt, ist derjenige, der hinterfragt werden muss.

Viele der Methoden, über die gesprochen wurde, mögen eine wertvolle Hilfe für die Ergründung sein, doch wenn man diese Methoden als die Übung betrachtet, wird die eigentliche Übung übergangen. Man muss die Hilfsmittel als das verstehen, was sie sind. Solange sie nicht das Ego hinterfragen, sind sie nicht Vichara.

Die Übung des Vichara greift das Ego-Ich an. Sie hält nicht nach Gewahrsein Ausschau oder meditiert über den Atem, sondern greift denjenigen an, der für sich entschieden hat, dass die wahre Übung in einer solchen Suche besteht. Wer sieht? Wer ist bewusst? Vichara greift diesen letztlich fiktiven Dieb an und beseitigt ihn. Er ist derjenige, der sucht, derjenige, der bewusst ist. Er wird am Ende nicht mehr da sein.

28.11.2007 Der Weg Sri Ramanas nach Sri Sadhu Om

>*Wenn die Selbstergründung ein Gedankenprozess ist, den der Geist vollzieht [wobei mit Geist gemeint ist: „Ich bin so und so", das Ego-Empfinden oder diese falsche erste Person (poyyaana thanmai uNarvu)], dann ist dieser Prozess nur möglich, wenn man ihn in Abgeschiedenheit durchführt (wenn die Aufmerksamkeit nicht auf weltliche Aktivitäten gerichtet ist).*

Doch Sri Bhagavan (und auch Devotees wie Sri Sadhu Om und andere) haben bei mehr als einer Gelegenheit gesagt, dass a) man Selbstergründung überall und zu allen Zeiten tun kann, auch wenn man mit anderen (weltlichen) Tätigkeiten beschäftigt ist und dass b) der „Weg" und das „Ziel" dasselbe sind. Mehrere Verse in Ulladu Narpadu [Vierzig Verse] beschreiben präzise den Prozess, doch wie du sehen kannst, herrscht darüber immer noch Verwirrung.<

Nur der Geist kann Selbstergründung üben. Nur er benötigt sie. Wenn man diese fundamentale Tatsache nicht begreift, verfehlt man alles. Die Selbstergründung muss alles verzehren und kann zu allen Zeiten geübt werden.

Die einfache Tatsache ist, dass nur der Geist Vichara braucht und Vichara ausüben kann. Wenn jemand etwas anderes behauptet, ist er ein Narr.

Wie Chadwick sagt: „Dieser Prozess ist oft missverstanden worden, obwohl Bhagavans Lehre ganz klar ist. Man soll dabei kein transzendentes, absolutes ‚Ich' suchen, sondern das Ego und den Punkt, wo es entspringt. Wenn man es findet, fällt das Ego von allein ab, und man weiß, es gibt nur das Selbst. Es ist so, wie wenn man einen Strom durch das Gebirge zu seiner Quelle zurückverfolgt. Hat man die Stelle erreicht, wo er entspringt, existiert der Strom nicht länger. Quelle, Geist und Ego sind ein und dasselbe und können nicht voneinander getrennt existieren. Der Geist kann das Selbst nicht erkennen, denn wie könnte er das erkennen, was jenseits von ihm ist?" (Sadhu Arunachala: Ramana Maharshi, S. 86 f.)

Die Vorstellung von Erleuchtung und dass Vichara dazu nötig ist, gehört allein dem Ego an. Wenn das Ego in den Ausläufern seiner eigenen Existenz sucht und seine Quelle findet, lässt es sich dort erschöpft und besiegt nieder. Dann ist Vichara nicht länger nötig. Nur der eigensinnige Geist braucht die Landkarte von Vichara. Das Selbst ist sich seines Verbleibs immer gewahr.

29.12.2007 Das „Ich"-Empfinden

>Ich glaube, ich habe eine Vorstellung davon, was das „Ich"-Gefühl, von dem Ramana sprach, ist, aber ich möchte gerne von anderen Mitgliedern wissen, was sie glauben, was es ist. Ich glaube, dass Ramanas Methode des Vichara darin besteht, einfach beim „Ich"-Gefühl zu bleiben. Ich schreibe das deshalb an die Gruppe, weil ich überprüfen will, ob andere dasselbe denken. Wenn jemand seine eigene Interpretation davon hat, würde ich sie gern hören.<

Es gibt verschiedene Quellen für die „Ich"-heit, das „Ich"-Gefühl, das „Ich"-Empfinden, z.B. aus dem Essay „Self Enquiry" in „Words of Grace", S. 13:

„Ist nicht das ‚Ich'-Empfinden für alle Lebewesen natürlich und drückt sich in den Empfindungen wie ‚Ich kam', ‚Ich ging', ‚Ich tat' oder ‚Ich war' aus? Wenn wir fragen, was das ‚Ich' ist, finden wir heraus, dass der Körper mit dem ‚Ich' identifiziert wird, da Bewegung und ähnliche Funktionen dem Körper angehören. Kann aber der Körper dieses ‚Ich'-Bewusstsein sein? Er war vor der Geburt nicht da und besteht aus den fünf Elementen, er ist im Tiefschlaf abwesend und wird schließlich zu einer Leiche. Nein, das kann nicht sein.

Dieses ‚Ich'-Empfinden, das vorübergehend im Körper entsteht, wird auch Ego, Unwissenheit, Illusion, Unreinheit oder individuelles Selbst genannt. Der Zweck aller Schriften ist diese Ergründung (des Selbst). Sie erklären, dass die Vernichtung des Ego-Empfindens Befreiung ist."

„Es ist das unzerstörbare ‚Ich', die ‚Ich'-heit in jedem von uns, die für die Fortdauer dieser maya mit all ihren Leiden und Enttäuschungen verantwortlich ist. Deshalb ist alles, was du zu tun hast, zu diesem Ich zu gelangen, dem wahren Ich hinter deinem scheinbaren Ich, denn dann bist du für immer die trügerische ‚Ich'-heit los und hast alles erlangt, da du fortan eins mit DEM bist, das du selbst bist. Das ist alles." (Surpassing Love and Grace, S. 218)

Aus Talk 54: „Wenn die gegenwärtige ‚Ich'-heit verschwindet, ist die Entdeckung vollständig. Was übrig bleibt, ist das reine Selbst."

Aus Nagamma, Brief 83: „Bhagavan hat in Vers 14 in seinem Unnadhi Nalupadhi (Vierzig Verse) geschrieben: ‚Wenn es die erste Person „ich" gibt, dann gibt es auch die zweite und dritte Person „du" und „er". Wenn man das wirkliche Wesen der ersten Person erkennt und das „Ich"-Empfinden verschwindet, dann verschwinden gleichzeitig damit auch „du" und „er". Das, was als das einzig Eine erstrahlt, wird zum natürlichen Zustand der endgültigen Wahrheit."

29.12.2007 Das „Ich"-Empfinden

>*Obwohl wir auf der relativen Ebene das „Ich"-Empfinden als ein „Empfinden" bezeichnen, gibt es ein Risiko, einem „Geisteszustand" nachzugehen, (der sowieso immer in der Unwissenheit und Zweiheit vorhanden ist), anstatt den relativen Geist (das „Ich"-Empfinden) aufzulösen und das nichtduale Bewusstsein ohne einen „Erfahrenden" zu „erfahren". Deshalb bevorzuge ich immer, vom „Ich"-Gedanken anstatt vom „Ich"-Empfinden zu sprechen, da der „Ich"-Gedanke*

die „Wurzel" des „Ich"-Empfindens ist, so wie ich es verstehe.<

Das ist richtig. Es ist weit verbreitet, im Namen der Ergründung einen Geisteszustand zu verfolgen. Es gibt ein grundlegendes Missverständnis, dass das Ego-„Ich" das „Ich bin Ich" („Ich-Ich") beobachten kann und dass das Vichara sei. Es ist nicht nur nicht Vichara, sondern auch unmöglich. Die Ergründung verlangt nur, dass die Quelle des Egos (nämlich der „Ich"-Gedanke) festgehalten wird, in der Bereitschaft, es zu vertreiben. Das Ego kann nichts weiter tun.

Was die Beseitigung des Egos betrifft, gibt es einen interessanten Abschnitt in Sri Sarmas „Maha Yoga": „Das Selbst ist das reine ‚Ich bin', das einzige, was augenscheinlich ist. Durch Sein Licht wird die ganze Welt erhellt. Aber Es scheint unbekannt zu sein, und es scheint nötig zu sein, Es zu erkennen, weil Es von der Welt und dem Ego verdeckt wird. Deshalb ist es nötig, Welt und Ego zu entfernen. Der Weise erklärt das mit dem Beispiel eines Raums, der mit Trödel vollgestopft ist. Wenn man Platz will, muss man nur den Trödel beseitigen. Man kann keinen Raum von außen hereinbringen. So müssen auch der Geist und seine Schöpfungen ausgeräumt werden. Dann bleibt nur noch das Selbst übrig, das ohne Hindernis erstrahlt. Was man lose als ‚die Erkenntnis des Selbst' bezeichnet, bedeutet in Wirklichkeit, egolos und das Selbst zu sein. Deshalb kennt der Weise nicht das Selbst. Er ist das Selbst."

LITERATURVERZEICHNIS

Abhishiktananda: The secret of Arunachala: a Christian hermit on Shiva's holy mountain, Delhi, 1997

The Collected Works of Sri Ramana Maharshi, 9th ed., Tiruvannamalai, 2004 (in dt. Übersetzung: Ramana Maharshi: Die Gesammelten Werke, Norderstedt, 2019)

Conscious Immortality: Conversations with Sri Ramana Maharshi, 2nd ed., Tiruvannamalai, 1998 (in dt. Übersetzung: Brunton, Paul; Venkataramiah, Munagala: Bewusste Unsterblichkeit: Gespräche mit Ramana Maharshi, Hamburg, 2025)

Godman, David: Be As You Are, London, 1986

Hewitt, James: Teach Yourself Yoga, London, 1960

Mudaliar, Devaraja: Day by Day with Bhagavan, Tiruvannamalai, 2006 (in dt. Übersetzung: Mudaliar, Devaraja: Tagebuch der Gespräche mit Ramana Maharshi, 3. Aufl., Hamburg, 2026)

Maharshi's Gospel, 10th ed., Tiruvannamalai, 1987

Muruganar: Ramana Mandiram, Tiruvannamalai, 1968

Nagamma, Suri: Letters from Sri Ramanasramam, 5th ed., Ramamanasramam, 1995 (in dt. Übersetzung: Nagamma, Suri: Briefe aus dem Ramanashram, 4. Aufl., Hamburg, 2026)

Nisargadatta: I Am That, 16th printing, Durham, 2009

Ramana Maharshi: Who am I?, Tiruvannamalai, kostenloser download: https://www.gururamana.org/Resources/Books/Who_Am_I_English.pdf

Ramana Maharshi: "Wer bin ich?", 3. Aufl., Norderstedt, 2009

Sadhu Arunachala (Major Chadwick): A Sadhu's Reminiscences of Ramana Maharshi, 5th ed., Tiruvannamalai, 1994 (in dt. Übersetzung: Sadhu Arunachala (A.W. Chadwick): Ramana Maharshi; Erinnerung eines Sadhus, 2. Aufl., Norderstedt, 2017)

Sarma, Lakshmana: Ramanaparavidyopanishad, Tiruvannamalai, 2006

Sarma, Lakshmana: Maha Yoga, Tiruvannamalai, 2002 (in dt. Übersetzung: Sarma, Lakshmana: Das Große Yoga (Maha Yoga): Die Überlieferung der Upanishaden im Licht der Lehre Ramana Maharshis, Norderstedt, 2018)

Sastri, Gaurinath: The Philosophy of Word and Meaning, Calcutta, 1959

Sri Ramana Gita, Tiruvannamalai, 2003

Subbaramayya, G.V.: Sri Ramana Reminiscences, Tiruvannamalai, 1994

Surpassing Love and Grace, Tiruvannamalai, 2001

Tripura Rahasya, Tiruvannamalai, 2006

V. Ganeshan: Moments Remembered, Tiruvannamalai, 1994

Venkataramiah, Munagala: Talks with Ramana Maharshi, Tiruvannamalai, 2000 (in dt. Übersetzung: Venkataramiah, Munagala: Gespräche mit Ramana Maharshi, 3. Aufl., Hamburg, 2026)